中国有色金属工业协会专家委员会组织编写

有色金属系列丛书

中国锂、铷、铯

北 京
冶 金 工 业 出 版 社
2013

内 容 提 要

本书共分三篇，涵盖了锂、铷、铯三个有色金属品种的发现史、基本性质，以及用途、资源分布、开发利用现状、开采加工技术及工艺、市场供需情况、主要生产厂家、产品综合利用以及行业标准等内容。

本书简明扼要，浅显易懂，适合各界人士对有色金属锂、铷、铯行业进行初步了解。

图书在版编目(CIP)数据

中国锂、铷、铯/中国有色金属工业协会主编．—北京：冶金工业出版社，2013．5

（有色金属系列丛书）

ISBN 978-7-5024-6245-1

Ⅰ．①中…　Ⅱ．①中…　Ⅲ．①锂—有色金属冶金—冶金工业—中国　②铷—有色金属冶金—冶金工业—中国　③铯—有色金属冶金—冶金工业—中国　Ⅳ．①F426．32

中国版本图书馆 CIP 数据核字(2013)第 047990 号

出 版 人　谭学余
地　　址　北京北河沿大街嵩祝院北巷 39 号，邮编 100009
电　　话　(010)64027926　电子信箱　yjcbs@cnmip.com.cn
责任编辑　姜晓辉　美术编辑　李　新　版式设计　孙跃红
责任校对　李　娜　刘　倩　责任印制　李玉山
ISBN 978-7-5024-6245-1
冶金工业出版社出版发行；各地新华书店经销；三河市双峰印刷装订有限公司印刷
2013 年 5 月第 1 版，2013 年 5 月第 1 次印刷
148mm×210mm；3.625 印张；69 千字；97 页
20.00 元

冶金工业出版社投稿电话：(010)64027932　投稿信箱：tougao@cnmip.com.cn
冶金工业出版社发行部　电话：(010)64044283　传真：(010)64027893
冶金书店　地址：北京东四西大街 46 号(100010)　电话：(010)65289081(兼传真)
（本书如有印装质量问题，本社发行部负责退换）

《有色金属系列丛书》
编辑委员会

《中国锂、铷、铯》编辑委员会

主　编　赵家生

副主编　范顺科

编　辑　张江峰　李冰心　张宪铭

莫子璇　王　敏　郭　宁

钟海华　李南平　刘　明

李　波

编　审　钮因健　李宴武

序

为适应有色金属工业发展的需要，普及和提高有色金属知识，提升全国有色金属战线广大干部职工的思想业务素质，促进我国从有色金属生产大国向有色金属工业强国的转变，中国有色金属工业协会组织编写了《中国铜业》等《有色金属系列丛书》（共 21 本）。《丛书》集中了全行业的智慧和力量，汇集了当今中国乃至世界有色金属领域的最新知识和信息，深入浅出，通俗易懂，融知识性、实用性为一体，是社会各界学习和提高有色金属知识的好教材和实用工具书。

有色金属是经济社会发展必不可少的基础材料和重要战略物资。有色金属作为功能材料和结构材料而广泛应用于人类生活的各个领域，成为当今高新技术发展和国防军工的重要支撑。有色金属的生产和消费水平已经成为衡量一个国家社会进步的重要标志。

中国是生产有色金属品种最全的国家，门捷列夫化学元素周期表中的64种元素的有色金属都能生产。中国是世界生产和消费有色金属最多的国家，到2011年十种有色金属产量已达3438万吨（快报数），连续10年位居世界第一，年消费有色金属已达3580万吨以上，连续9年位居世界第一。目前全国已有有色金属企业、事业单位3万多家，就业人员360多万。

有色金属涵盖的金属品种多。在元素周期表中，除了黑色金属铁、锰、铬，锕系和超锕系放射性金属元素外，余下64种都为有色金属元素。有色金属成矿条件复杂，矿床类型多样，矿体形态变化大，元素组合多样，勘探难度大，而且需要综合勘探、综合评价。有色金属结构复杂，多种矿物相嵌共伴生关系密切，选矿和冶炼的技术、装备复杂，工艺流程长。有色金属应用领域广，用途千差万别，材料的研制和加工复杂。有色金属元素在原矿中含量低，富集比都在几十、几百、几千甚至几万以上，导致在采矿、选矿和冶炼过程中固体废物多，节能环保压力大，工艺技术复杂。综合上述不难看出，有色金属产业是固体矿产资源开发利用领域最复杂的产业，有色金属知识领域宽广、博大精深。

建设现代化的有色金属工业强国是全行业360多万职工为之奋斗的目标。我相信，《丛书》的出版发行，对增进全社会对有色金属工业的了解，推动全行业广大干部职工学习和掌握有色金属知识必将发挥积极重要的作用。让我们行动起来，为促进我国有色金属工业的持续、稳定发展，为实现有色金属工业发展的既定目标而奋勇前进。

中国有色金属工业协会会长 陈全训

2012年8月于北京

前　言

锂、铷、铯是具有重要现实意义的战略金属，无论在战略性新兴产业，还是在高端制造业中都正在发挥或即将发挥重要的作用。希望通过此书使大家能够对锂、铷、铯三种有色金属和行业有一个初步认识。

锂作为世界上最轻的金属，与当今高新技术、国防军工及我们日常生活紧密相连。锂是核工业、航天航空、电子工业等高新技术发展的重要原材料，也是人们日益增长的物质文化生活的重要物质基础。

锂具有优异的核性能，它不仅可用于制造氢弹，同时也可在民用核能工业发展中起到关键的独特的作用。1kg 锂具有的能量，相当于 2 万吨优质煤炭，可以发出 340 万千瓦时的电力，比铀裂变产生的能量还要大 8 倍。因此，锂又被称为 21 世纪新能源材料之一。

锂电池和锂离子电池的快速发展，使人们日常生活进入了“锂电”新能源时代。应用于手机、笔记本电脑、照相机等手持电子设备上的小容量锂电池，以及正在发展中的汽车、摩托车等清洁能源动力电池，已经并将不断提高人们生活和工作的质量。一个“锂电”新能源产业已经崛起。在中国市场上，以比亚迪、比克、邦凯、力神等为代表的一批国产锂电池制造商正在快速成长，中国锂电池产业呈现高速增长态势。2010 年中国锂离子电池产量超过 20 亿只，同比增长 20% 以上。

锂行业作为电池关键材料产业横跨了新材料、新能源、新信息三大战略性新兴产业领域。随着产业政策的扶持与推动，锂行业发展正面临着新的契机。

铷、铯作为锂矿的伴生产品，产量小，价值高。全球铯产品的需求量仅有 50t，铷需求量小于 10t。近年来，铷、铯的优异性能已逐步被人们所认识，国内外做了不少开发研究工作，在磁流体发电、热离子转化发电、离子推进发动机、激光能转换电能装置、铯离子云通信等高端领域中，铷、铯显示了强劲的生命力。

在此，向参与书稿编写的专家表示感谢，特别感谢锂业分会秘书处以及会员单位对本书写作的大力支持。

由于编写人员水平有限，书中不足之处，恳请广大读者批评指正。

编　者

2013 年 3 月

目　录

第一篇

锂

第一章 发现史

锂元素是 1817 年由瑞典年轻的化学家阿尔费德森（J. A. Arfvedson 1792 ~ 1841 年）发现的。当时，25 岁的阿尔费德森在瑞典著名的化学家贝齐里乌斯（J. J. Berzelius 1779 ~ 1848 年）的实验室工作，他在分析从攸桃岛（Uto）采集的透锂长石（$LiAlSi_2O_5$）时，发现该矿石中含有氧化硅、氧化铝及一种新碱金属。他把这种碱金属制成硫酸盐，进行试验。经过详细分析研究后，他发现这种碱金属硫酸盐既不是钾盐、钠盐，也不是镁盐。于是，他确定这种碱金属是一种新元素，并命名为“锂”（lithium）。

锂是自然界里被发现的第三个碱金属元素。因为，锂是从矿石中被发现的，它不同于钾和钠是从植物体中发现的，希腊文称石头为 lithos。所以，贝齐里乌斯把这种新金属称为 lithium，化学符号 Li，中译名为“锂”。

阿尔费德森曾试图制取金属锂，但未成功。1818 年，布兰德斯（Brandes）、戴维等人分别用强电流电解锂矿石制得了少量的锂。直到 1855 年，德国化学家本生（R. W. Bunsen 1811 ~1899 年）和英国化学家马提生（A. Matthiessen）采用电解熔融氯化锂的方法，才制得较多量的锂。

第二章 性质和用途

锂是一种金属元素，原子序数为 3，相对原子质量为 6.941，元素符号为 Li。锂是世界上最轻的金属，密度约为水的 50%，为 0.53g/cm³，能浮于水面；熔点为 180.5℃，沸点为1347.0℃，硬度为0.6，电导率11.2，在同族金属中均属最高。锂是电位最负的金属，为 –3.043V，也是电化当量最大的金属，为 2.98A · h/g。因此，由锂组成的电池的比能量最高。

金属锂为银白色金属，可与大量无机试剂和有机试剂发生反应。与水的反应非常剧烈。在 500℃左右容易与氢发生反应，是唯一能生成稳定的足以熔融而不分解的氢化物的碱金属。其电离能为 5.392eV，与氧、氮、硫等均能化合，是唯一的与氮在室温下反应，生成氮化锂（Li_3N）的碱金属。由于易受氧化而变暗，故应存放于液体石蜡或煤油中，或储存于充有惰性气体的容器中。

金属锂、锂合金及其化合物具有优异的特性。不仅在原子能、宇航及国防尖端工业中使用，而且在冶金、电子、玻璃陶瓷、石油化工、电池、橡胶、钢铁、机械及医疗等高科技领域和传统工业领域中获得广泛的应用。

锂作为“能源金属”是核工业发展的重要原材料。同位素锂-6，用于制取核聚变燃料氘化锂-6，1kg 氘化锂-6 作为氢弹的炸药产生的爆炸力相当于 5 万吨 TNT。锂还可用作核聚变反应堆芯的冷却剂。以锂为原料的核聚变反应堆优于目前已广泛应用的铀核裂变反应堆。除了能量更大以外，它还具有不会形成放射性裂变产物、燃料更易获取，以及价格便宜等优点，是未来核能和平利用的发展方向。

锂作为“能源金属”又是发射火箭的最佳高能固体燃料之一，燃烧温度高、发热量大、排气速度快是其主要特点。

锂具有所有金属中最高负电位和高电化当量。因此，金属锂及其化合物已被用来制作高性能的锂电池和锂离子充电电池。锂电池是由金属锂制成的不可充电的原电池，即广泛用于手表、照相机及各种小型电器等的纽扣电池或圆柱形电池。相比碱性电池，锂电池能量密度高、质量轻、保存和使用期限较长。锂离子电池是由锂化合物制成的可充电电池，比镍氢电池的能量密度更高、质量更轻，已在手机、笔记本电脑和其他手持电子设备中大量应用，在电动自行车和电动汽车领域应用的大容量锂电池正展开运用和发展。锂电池已经深入千家万户，几乎是人人都会持有的电器产品，发展前景十分诱人。

锂是最轻的金属，在铝合金中添加 1% 的锂，可降低铝合金密度 3% 和提高弹性模量 6%。因此，铝锂合金是一种低密度、高弹性模量、高比刚度和高比强度的合金，已用于航空航天领域，应用前景广阔。镁合金中添加锂后不仅降低了密度，形成最轻的镁锂合金（密度为 1.3g/cm^3），而且比强度和延性均优于其他镁合金，应用前景美好。

许多锂化合物可作为降低高温熔体温度的助熔剂。在铝电解质中添加一定量的碳酸锂，可降低电解质熔融温度30℃和操作温度 15℃，提高电流效率 1% ~3%，降低电耗 8% ~14%，减少氟排放30%，经济效益显著，已广泛应用。在玻璃生产过程中，通过直接添加锂辉石矿（通常为铁含量低的工业级锂辉石矿），可增长玻璃熔率，降低黏度和熔化温度以增加产出、节省能源和便于成型，提高玻璃的强度和韧性。在少数特种玻璃领域，可添加价格较高的碳酸锂以达到品质要求。在陶瓷生产过程中，通过直接添加含锂的锂辉石矿（通常为铁含量低的工业级锂辉石矿），降低烧成温度和热膨胀，提高瓷胚强度。添加锂到釉料可改善涂层黏度，改善釉料色泽。在钢连铸保护渣中添加锂化合物可助熔和提高流动性，从而改善黏度和流动。锂化合物也应用于铁铸件如发动机体的生产，消除金属铸件中的孔隙气泡、杂质和其他缺陷。

锂化合物作为催化剂，被用于橡胶和医药等工业。丁基锂已大量用于橡胶生产，也用于精细化工行业。金属锂还是多种维生素和某些药物生产的催化剂。

一些锂化合物是用于治疗某些疾病的药物。特别是用碳酸锂等锂盐治疗狂躁抑郁性精神病，在狂躁期的效果明显。

由氢氧化锂制成的锂基润滑剂，具有使用温度宽

（－60～300℃），稳定性和抗水性能好，使用寿命长等优点，被广泛应用于航空、动力等行业的各种机械装置和仪器仪表。

以溴化锂溶液为吸收剂、以水为制冷剂的吸收式制冷装置能耗低，且对大气臭氧层没有破坏作用，现已取代传统的以氟利昂为制冷剂的压缩式制冷机。

由金属锂和锆化合物烧结成的新型环保陶瓷材料，可以吸收相当于自身体积400倍的二氧化碳，用于火力发电厂等的二氧化碳清除装置，可大幅减少二氧化碳排放，降低温室效应。

铌酸锂和钽酸锂应用于电子工业。含锂废渣可用作混凝土掺和料。锂在水处理以及复合材料等方面也有一定的应用。

第三章　资源概况

锂被称为“稀有金属”。其实，它在地壳中的含量不算“稀有”，地壳中约有0.0065%的锂，其丰度居第27位。在自然界中，锂资源主要分布于卤水矿床和伟晶岩矿床中。其中，盐湖卤水锂占世界锂资源总量的66%。已查明全球锂资源超过1500万吨。其中，智利、玻利维亚和中国的储量基础占世界总储量基础的80%以上。世界上除中国外的盐湖锂资源主要集中在智利、美国、玻利维亚、俄罗斯。目前，已探明的主要含锂盐湖有智利的阿塔卡玛、玻利维亚的乌尤尼、阿根廷的翁布雷穆尔托、中东的死海等。锂矿物最多的是锂辉石、透锂长石和锂云母。国外锂辉石开采量大的矿山有澳洲塔力森锂业公司的格林布什和澳洲的银河锂业公司凯特林矿山。其中，格林布什矿山的锂辉石精矿产能约40万吨/年。目前，加拿大锂业公司和Nemaska开发公司正在对加拿大的两座锂矿山进行评估和开发。

中国锂资源丰富，储量居世界前列。其中，约80%为盐湖卤水锂矿，主要分布于青海省和西藏自治区的盐湖中。西藏扎布耶盐湖是世界上少数几个锂资源量超百万吨的超大型盐湖之一，其特点是镁锂比例很低，容易分离提取碳酸锂，但自然环境恶劣，海拔高，基础设施极差，开采难度很大。青海柴达木盆地西台吉乃尔盐湖和一里坪盐湖的卤水锂的含量比美国盐湖含锂量高10倍，但由于镁锂比例高，分离难度大，长期未得到有效开发。到目前为止，中国盐湖卤水锂矿的开发还处于初级阶段。

中国矿山锂资源较为丰富，主要分布在四川、新疆和江西等省和自治区。四川甘孜州甲基卡矿山是世界第二、亚洲最大的锂辉石矿山，探明氧化锂储量92万吨，折合金属锂39万吨。该矿由于地处高原，交通不便，目前开采规模很小。四川阿坝州的锂资源也较为丰富，目前在开发的锂矿数座，每年生产数万吨的锂辉石精矿。江西宜春是重要的锂云母矿产地，已开发多年，现在锂云母精矿的年产能约10万吨。目前，中国锂精矿每年的产量15万吨左右。

第四章　采选技术

从20世纪七八十年代开始，国际上锂工业从以锂矿石提锂为主逐步转向了从盐湖卤水中提锂为主。目前，除中国、澳大利亚和俄罗斯等少数国家外，全球80%的锂盐从盐湖卤水中提取。中国盐湖锂资源正在开发之中，锂工业的原料至今主要还来自于矿石锂资源。中国锂矿采选技术已有很大进步。

第一节　锂矿床的分类及其性质

锂矿床可分为五种类型，即伟晶岩矿床、卤水矿床、海水矿床、气成热液矿床和堆积矿床。目前，开采利用最多的锂资源是伟晶岩矿床、气成热液矿床和卤水矿床。以锂为主的矿物约为30种，典型的锂矿物主要有以下几种：

（1）锂辉石。单斜晶系晶体，常呈断柱状、板状产出，也见有粒状致密块体或粒状、断柱状集合体。颜色为灰白、绿、暗绿或黄色；玻璃光泽，半透明到不透明；硬度为6.5~7，密度为3.03~3.22g/cm^3。锂辉石是目前世界上开采利用的主要锂矿物资源之一。

（2）透锂长石。外观与石英相似，700℃时转变为高温型锂辉石。津巴布韦的比基塔矿床是目前世界上最大的透锂长石矿床。

(3) 锂云母 KLiAl(SiO)(F,OH)。锂云母是一种稀有的云母。江西宜春钽铌矿伴生锂云母、铷、铯的多金属矿床是世界上最大的伴生锂云母矿床，也是中国正在开采利用的主要锂资源之一。

(4) 磷锂铝石 LiAl(PO)(F,OH)。最典型的混合物是 Na_2O，其含量可达 1.96%（一部分锂类质同象地被钠置换）。磷锂铝石属三斜晶系。白色、灰色、暗灰色、稍带黄色或玫瑰色；玻璃光泽至油脂光泽，解理面呈珍珠光泽。磷锂铝石性质与锂辉石类似，可溶于硫酸，虽然含锂高，但矿物资源少。

(5) 锂霞石。是锂辉石变蚀的产物，化学组成为 Li(AlSO)，有时混入 CaO 等。晶体属六方晶系，晶形细小，常呈粒状集合体和致密块状产出，成晶体者极少见。颜色常呈灰白色、浅黄、浅褐、浅红、浅绿等色，有时也见有无色者；晶面呈玻璃状光泽，断口则呈现脂肪光泽，矿物资源量也不多。

(6) 锂冰晶石。属立方晶系，形成八面体和粒状集合体。呈白色、无色、灰白色，薄片呈无色，该矿物资源稀少。

现今世界上开采应用最多的锂矿物是锂辉石、透锂长石、锂云母和锂磷铝石等。

第二节 锂矿石常用选矿方法

不同锂矿石，性质不同。由于矿物中氧化锂的含量低，且不同矿物其化学分解过程又很复杂，因此锂矿石分选工艺也较复杂。在工业实践中，已知有七种选别锂矿石的方法：浮选法、手选法、热碎解、磁选法、重悬浮液选矿法、化学处理法、联合选矿法。

一、浮选法

凡是具有工业价值的锂矿物都可以用浮选法来富集。锂辉石的浮选在实验室和工业上研究得最全面，普及应用也比较广泛。因此，浮选法是锂矿石最重要的选别方法，特别是对以细粒浸染状存在的锂辉石就更是如此。

二、手选法

手选法就是按照矿石的外部特征将矿石分为几种矿物。手选法主要用于分选粗粒结晶的锂辉石与锂云母结合体、透锂长石与磷锂铝石结合体。手选可以得到很好的精矿，目前有些国家仍在采用。例如，美国南达科塔州的埃特矿床的锂辉石矿石就是采取此方法。手选法的缺点是消耗劳动力，提取率低，同时不适合选别具有细粒浸染矿体的矿石。

三、热碎解

热碎解就是用加热和冷却的方法，有选择性地破坏某些矿物。热碎解主要用于分选锂辉石，因为锂辉石矿物晶体中存在从一种同素异形体向另一种同素异形体的转变，加热锂辉石时，锂辉石从 α 变体转变为 β 变体。并且，由于脉石和锂辉石的性质不同，脉石矿物没有发生变化。热碎解大体包括下列工序：将矿石破碎至粒度小于50mm或20mm以后过筛，将大于0.3mm的矿石于1000～1200℃下焙烧1～2h（-0.3mm的细粒矿石采取其他方法提取锂辉石）。焙烧过的矿石冷却后，进行选择性磨矿、分级和提纯。此方法仅在矿石原料组成良好的情况下有效，矿石中如果存在大量具有热碎解能力的钠长石、方解石和云母，就难以制得合格的精矿。

四、磁选法

在锂矿物中，只有铁锂云母和锂辉石具有弱顺磁性。在工业上，磁选法就作为提高锂精矿质量的一个辅助措施，常用于除掉锂辉石精矿中的含铁杂质或选分具有弱顺磁性的铁锂云母和锂辉石。

五、重悬浮液选矿

重悬浮液选矿就是利用锂矿物与脉石矿物的密度差进行选矿。通常锂矿物和脉石矿物（石英等）的密度差不超过0.2～0.5g/cm^3，这一密度差对于用摇床或跳汰机进行选矿是不够的，但是对于选别某些类型的锂矿石是足够的。目前，对锂辉石矿石进行重悬浮液选矿比较多。通常用的悬浮液有硅铁或者磁铁矿。如果能够使悬浮液的密度保持不变，而黏度保持最小，用此方法选别锂辉石可以得到高质量的精矿，简化碎矿和磨矿过程，而且精选过程对原料的适应性很强。

六、化学处理法

化学处理法主要用在从盐湖水中提取锂。从卤水中提取锂的研究工作，在20世纪60年代以后得到空前的发展，尤为突出的是美国。迄今出现的卤水提锂方法主要有沉淀法、萃取法、离子交换吸附法、碳化法、煅烧浸取法、许氏法和电渗析法等。

七、联合选矿法

针对贫细杂的锂矿物，用单一的选矿方法很难得到合格的锂精矿，必须采用联合选矿法及选冶联合工艺，比如：浮选—重选—磁选联合工艺、浮选—磁选工艺、浮选—化学处理联合工艺等。

第三节　锂辉石、锂云母浮选研究现状

锂辉石、锂云母作为最重要的锂矿物资源，浮选法是这些矿物最主要的处理方法。

一、锂辉石浮选研究

表面纯净的锂辉石很容易用油酸及其皂类浮起，浮选时的pH值区间为4.0~9.0，最佳pH值为弱碱性。而对于表面受风化污染或在矿浆中受矿泥污染的锂矿石其可浮性变坏，由于有害离子（Ca、Fe、Mg等）的存在，活化了像石

英等类似的脉石矿物，这样就恶化了浮选效果。研究表明，如果先用碱（NaOH 等强碱）处理锂辉石表面，则用多种阳离子捕收剂就能使锂辉石容易地浮出。目前，在工业上用来浮选锂辉石的工艺流程有正浮选和反浮选两种。

正浮选通常采用阳离子，将磨细的矿石在加入强碱的碱性介质中高浓度、强搅拌、多次擦洗脱泥后，添加油酸及其皂类盐作捕收剂直接浮选锂辉石。浮选过程不加入抑制剂，主要是由于加入的 NaOH 和矿浆中的硅酸盐化合生成 Na：SiO_3，这些“自生水玻璃”是一种无机抑制剂，抑制石英等脉石矿物。在这些工艺过程中，锂辉石的碱性活化是一个关键问题。

反浮选是在石灰调整的碱性介质中，使用糊精、淀粉等抑制锂辉石，采用阳离子捕收剂（例如糊精胺的醋酸盐醇）浮出硅酸盐类脉石矿物，槽内产品即为锂辉石精矿。必要时，采用 HF 树脂酸盐起泡剂进一步脱出铁矿物。

二、锂云母浮选进展

对于细粒嵌布的锂云母矿，国内外均采用浮选法。研究表明，表面纯净的锂云母不容易被油酸及其皂类盐浮起，必须先用氢氟酸活化矿物表面，其活化机理可能是氢氟酸与锂云母共生的石英发生了作用，使得锂云母完全单体解离，易于泡沫浮选。活化条件：HF 的用量为 200g/t，活化 20min 后经过多次洗涤，然后用苛性钠（10kg/t）预先处理锂云母矿物的表面，再用油酸钠使其浮出。浮选时的 pH

值区间为3.0～8.5，其他活化剂还有：$Ca(OCl)_2$、$NaSiO_3$、K[Fe(CN)]等。当用混合胺类捕收剂浮选时，锂云母的提取率可达到90%。美国北卡罗来纳州风化伟晶岩选矿厂就是使用混合胺作为捕收剂优先浮选锂云母。

第四节　锂辉石、锂云母浮选中存在的问题

近十来年，对锂辉石、锂云母浮选的研究并不多，而对卤水锂提取技术工艺研究得比较充分。归纳起来，目前锂辉石、锂云母等锂矿石浮选实践中存在的问题主要有以下四点：

（1）传统捕收剂选择性和效能有待提高。随着品位高、嵌布粒度粗的锂矿石资源的减少，面对贫、细、杂的锂资源，要得到合格的浮选精矿，采用传统的药剂方案很难奏效。

（2）捕收剂起泡性能差。在高碱度条件下，用氧化石蜡皂作为锂辉石浮选捕收剂，因氧化石蜡皂起泡性能较差，这样使矿化泡沫层较薄，难以有效地使目的矿物上浮。

（3）抑制剂选择性不强。常用的抑制剂有：Na_2S、水玻璃等。这些药剂用量比较大，对环境污染较大，而且稳定性也不太好。Na_2S很容易受氧化而失效，而且有一定毒性，很难满足环保要求；水玻璃虽是石英等脉石矿物常用的抑制剂，但其用量较大，且容易造成精矿难过滤等问题。

（4）浮选流程复杂、药剂用量大、各环节的独立性不

强。随着矿石资源的枯竭，纯粹用单一传统的选矿工艺很难奏效。为了获得理想的选矿指标，浮选流程越来越复杂、药剂成本不断加大；流程复杂致使灵活性下降，一个小的环节可能导致整个作业的瘫痪。

第五章 锂生产技术概况

锂的生产工艺都是以锂矿石精矿或盐湖卤水为原料，首先制取碳酸锂，再通过碳酸锂熔盐电解法制得金属锂。碳酸锂是锂行业中用量最大、最重要的基础产品，因其制取工艺所用原料不同而分为两大类：矿石提锂和卤水提锂。

第一节 矿 石 提 锂

一、提锂原则工艺流程

矿石提锂是指用锂辉石、锂云母等固体锂矿生产碳酸锂和其他锂盐产品。矿石提锂历史悠久，技术较为成熟，其工艺主要有硫酸和石灰石烧结法两种。硫酸法适用于处理锂辉石，石灰烧结法适用于处理锂云母。

硫酸法工艺原则流程：首先是将锂辉石精矿在1075～1100℃下焙烧，冷却后将焙烧矿磨细与浓硫酸混合并于250℃再焙烧成硫酸锂，水浸溶解硫酸锂，浸出净化液加碳酸钠沉淀获得碳酸锂。

石灰石法工艺原则流程：锂云母精矿加石灰和硫酸钠高温焙烧，焙烧矿水淬浸出，浸出液加碳酸钠沉淀获得碳酸锂。

以上矿石提锂工艺的原则流程随着技术不断进步都有发展，其技术水平均都有提高，但是它们与卤水提锂相比，仍然是能耗高、污染重的工艺，成本高。

二、国内外矿石提锂概况

20 世纪 80 年代中期以前，世界各国主要以锂辉石为原料生产锂盐，主要生产国有美国、智利、德国、苏联和中国。进入 90 年代中期，随着卤水提锂技术的突破，盐湖锂产品成本大幅度降低，迅速占领了全球主要的锂产品市场份额。因此，国外三大碳酸锂供应商已全部关闭矿石提锂生产线而采用卤水提锂法。至今为止，全球生产锂矿物的主要有澳大利亚、津巴布韦和中国。

澳大利亚的塔力森（Talison Minerals Pty.，Ltd.）是世界上最大的锂矿物供应商，开发 Greenbushes 锂辉石矿床，锂辉石产能 28 万吨，满足了全球 60% 的锂辉石精矿需求。

津巴布韦的 Bikita Mining 公司从事透锂长石精矿生产，开采的是 Bikita 伟晶花岗矿床（Li 含量 1.4%，储量 5.67 万吨）。

目前，矿石提锂的产能主要集中在中国，规模大约在 2 万吨/年。中国矿石提锂企业主要集中在新疆、四川和江西。

第二节 卤水提锂

卤水提锂是利用提取钾盐后形成的卤水为原料，经过深度除镁、碳化除杂等工序后生产碳酸锂产品。盐湖卤水提锂发展至今已经有30年左右的历史，1997年实现工业化生产。卤水提锂具有锂纯度高、能耗低和成本低的优势，但技术难度较高。国外主要锂生产企业基本都已改用卤水为生产原料，而我国由于资源的特殊情况，以卤水为原料的生产尚处于起步阶段。

西藏扎布耶盐湖锂资源以天然碳酸锂形式存在，是迄今世界上发现的唯一具有工业价值的大型碳酸锂资源。锂资源量储量大（以金属锂计算达到153万吨），锂品位高（600～1800mg/L）。从该盐湖提取上来的锂浓缩物纯度达到78%以上，后续提纯碳酸锂工艺简单。青海柴达木盆地锂储量大，但镁含量高，从高镁锂比原料中分离锂的技术难度大，是世界性技术难题。近年来，中国科学院盐湖研究所，在该地区东台吉乃尔盐湖经过多年的深入研究，已攻克了开发利用的技术关键。

国际锂业三大巨头分别是SQM、Chemetall和FMC，产能占全球产能的70%以上。

智利SQM公司（Sociedad Quimicay Minera de Chili S. A）是一家生产碘和硝酸盐的企业，同时也是世界上最大的碳酸锂生产商，其碳酸锂产能超过4万吨/年。碳酸锂只是该公司开发 Salar de Atacama 矿床氯化钾卤水的副产品。

智利 SCL（Sociedad Chilena de Litio）是 Chemetall Foote Corp.（美国）的下属企业，回收锂的原料也是来自于 Salar de Atacama 矿床，公司产能超过 2 万吨/年。

美国 Chemetall Foote Corp.（德国 Chemetall GmbH 的分公司）在内华达州的 Silver Peak 企业同样也是用卤水生产碳酸锂，总产能约 1.7 万～2.0 万吨/年。

设在阿根廷的 FMC 公司掌握着 Salar de Hombre Muerto 矿床，每年碳酸锂产量 1.2 万吨，氯化锂 5000～7000t/a。

中国西藏矿业从西藏扎布耶盐湖卤水中提取锂，碳酸锂产量 5000t/a。青海中信国安锂业公司年产碳酸锂 3.5 万吨，开发位于青海省的台吉乃尔盐湖矿床，是中国最大的碳酸锂生产企业。

由于资源条件及技术等因素的制约，目前中国盐湖卤水提锂生产企业尚未形成大规模产业化的能力，工业级碳酸锂成本在 1.5 万元左右，电池级碳酸锂则在 2.5 万元左右，部分盐湖提锂项目需要进行综合回收才能降低碳酸锂的成本。

第三节 矿石提锂与卤水提锂对比

矿石提锂和卤水提锂技术各有优劣势。矿石提锂在高纯碳酸锂生产中有一定优势；卤水直接提取工业级碳酸锂成本低，但技术通用性差，在高端锂产品生产中两者不分伯仲，见表1-1。从目前来看，矿石提锂很难被替代，长期来看卤水提锂潜力较大。

表1-1 矿石提锂与卤水提锂对比

工艺路线	优 势	劣 势
矿石提锂	成熟稳定，工艺简单，方便制备高纯锂产品。目前生产高纯碳酸锂成本略具优势	能耗高、污染重，制备低端工业级碳酸锂成本不具优势
卤水提锂	制备工业级碳酸锂成本优势明显	技术通用性差，不同盐湖资源禀赋需要不同提锂技术，碳酸锂常处于副产品地位，难以单独扩张提锂产能；直接产品一般仅为工业级碳酸锂，需要经过提纯技术转化为高端碳酸锂产品，转化成本很难降低，因此生产高纯碳酸锂成本目前不具备优势

第六章 锂离子电池正极材料生产技术概况

锂电池因轻便、高能量密度等优点，市场应用正逐步扩大。锂电池主要构成材料包括正极材料、负极材料、电解液、隔离膜等，其中正极材料占据最重要的地位，正极材料的品质直接决定了锂电池的性能指标，正极材料成本在锂电池成本中所占比重约40%。锂电池正极材料主要包括钴酸锂、锰酸锂、磷酸铁锂等，其中磷酸铁锂是目前成本最低、安全性能和耐高温性能最好的正极材料。电池级碳酸锂是制作锂电池正极材料的关键原料。其产业路径如图 1-1 所示。

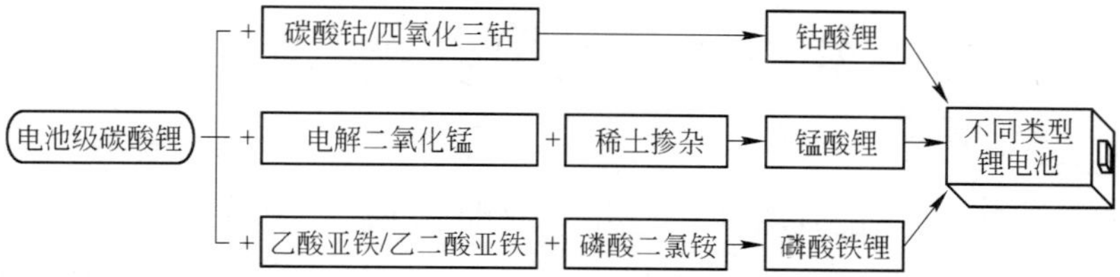

图 1-1　电池级碳酸锂与锂电池的产业路径图

电池级碳酸锂的直接应用领域是锂电池的正极材料市场。根据 2009 年 IIT 报告预测，2009 ~ 2012 年，全球锂电池所需正极材料复合增长率 29. 50%，展示了对锂电池相关产业的良好预期。

总体而言，目前国内电池级碳酸锂主要供给国内锂电池正极材料厂商，用于生产手机、数码相机等小型移动设备用锂电池，国内厂商尚未大规模生产需要更多电池级碳酸锂用量的笔记本电脑、动力汽车锂电池等。目前，国内电池级碳酸锂的供应缺口较大，不足部分需要靠进口高纯碳酸锂或以工业级碳酸锂进一步加工提纯获得电池级碳酸锂来解决。根据电池级碳酸锂应用领域的扩展和用量的增长情况，谨慎估计（仅考虑手机、数码电子产品等小型移动设备市场），2010 年国内电池级碳酸锂需求达到 1 万吨左右，2012 年达到 1. 4 万吨。目前，由于锂电池电动汽车及电动自行车尚未实现大规模产业化生产，对电池级碳酸锂的需求还未转化为现实需求，因此电池级碳酸锂在此领域的大规模应用进程尚不确定。随着动力锂电池产业化的突破，电池级碳酸锂的市场需求将有可能快速增长。

第七章 市场概况

锂作为“能源金属”和“战略金属”在国民经济和国防军工发展中具有十分重要的作用，特别是近几年来随着在高科技领域应用的不断扩大，锂的应用面越来越广，产品品种越来越多。

锂电池是锂的主要应用产品，在商业和军事上均有着广阔的应用。未来锂电池市场的发展，也就是锂市场的发展。下面将按照锂电池容量大小，分小容量电池和大容量电池对未来市场进行分析。小容量锂电池主要应用于手机、照相机、笔记本电脑等手持电子设备，大容量锂电池主要应用于汽车、电动自行车等领域。

一、小容量锂电池

随着技术的进步，小容量锂电池广泛应用在手机、笔记本电脑、照相机等手持电子设备上，摄像机、手表、高级玩具、心脏起搏器电池等方面也有广泛的使用。近年来，随着以比亚迪、比克、邦凯、力神等为代表的一批国产锂电池制造商的快速成长和崛起，中国锂电池产业呈现高速增长的态势。全球锂电池的生产主要集中在中国、日本、韩国，其中中国的生产发展速度最快。中国的锂电池产量从 2002 年的

2.7 亿只增加到 2007 年的 13.5 亿只，每年复合增长接近 40%。2007 年，中国的生产规模首次超过日本，位居世界第一。2002～2007 年年均复合增长情况如图 1-2 所示。

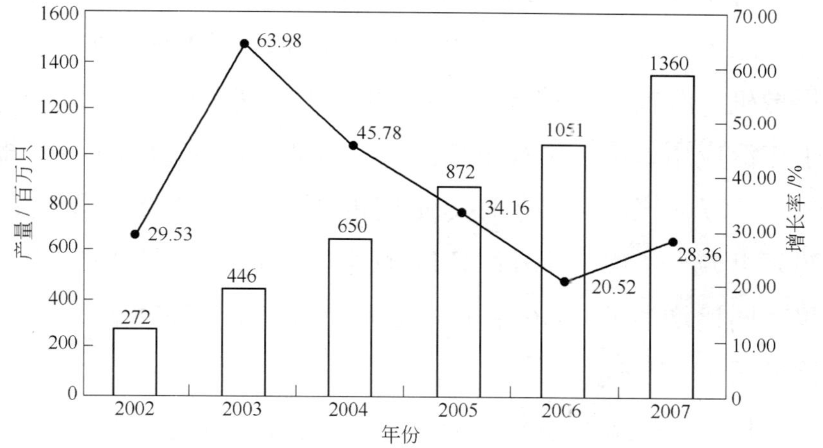

图 1-2　2002～2007 年中国锂离子电池产量及其增长趋势

（资料来源于中国化学与物理电源行业协会）

据中国化学与物理电源行业协会统计，2008 年中国锂离子电池产量达到了 14.5 亿只，较 2007 年继续增长。Frost & Sullivan 预计，2013 年锂电池全球供货量将达到约 40 亿只，锂电池的全球市场将保持强劲需求。

手机用锂电池方面，中国 2007～2009 年的需求量分别为 11.36 亿只、11.88 亿只和 10.46 亿只。受金融危机的影响，2009 年较 2008 年需求有所下降。随着经济的回暖和 3G（第三代移动通信）业务的快速发展，手机用锂电池将持续增长。

笔记本电脑用锂电池方面，根据IDC互联网数据中心的统计及预测，全球2006~2009年的笔记本电脑销售量分别是0.82亿台、1.10亿台、1.39亿台、1.65亿台；2010年、2011年分别达到1.88亿台、2.09亿台，保持较快增速。

除上述两个主要应用领域外，锂电池在数码相机、数码摄像机、游戏机、移动DVD、电动工具等众多领域也获得了广泛应用，市场规模不断扩大。例如，根据2008年IIT报告，2007年全球电动工具使用的锂电池约1.2亿只，较2006年增长64%。2012年11月全国锂电池产量4.2153亿只，同比增长43.53%；1~11月累计产量37.98亿只，同比增长42.71%。

目前，每节手机锂电池需用的碳酸锂约为3g。据此测算，国内目前仅手机领域的电池级碳酸锂需求量约3000t。手机锂电池的碳酸锂用量相当于笔记本电脑需用的碳酸锂量的十分之一左右，而全球的笔记本电脑锂电池主要由国外厂家生产。一旦国内锂电池厂家实现技术突破开始大规模生产笔记本电脑锂电池，电池级碳酸锂的需求将出现大幅度增长。可以预见，在未来较长的时间内，小容量锂电池的旺盛需求将带动锂电池原料碳酸锂产品的持续需求（资料来源：赛迪网）。

二、电动自行车用锂电池

结合中国的国情，动力锂电池有望率先实现在电动自行车上的大规模应用。铅酸电池是应用历史最长、技术最成熟、成本最低廉的蓄电池，目前在电动自行车的使用份额占90%以上。但是，铅酸电池有体积质量大、能量密度低、自放电率高（放电时电压和性能下降）、循环寿命低、环境污染重等诸多缺点。目前，欧洲的锂电池电动自行车占到市场份额的80%，其他为镍氢电池电动自行车，而日本的电动自行车普遍采用锂电池。

目前，电动自行车用锂电池的缺点主要在于成本较高和安全性较差。但是，在新型锂电池正极材料磷酸铁锂获得使用后，锂电池的成本和安全性大为改善，锂电池在电动自行车领域将有广阔的应用前景。目前，中国各主要的电动自行车及电池厂商纷纷投入较大人力物力进行锂电动自行车及其电池的研制，并有部分成熟产品推向市场，国内锂电池自行车型已经突破百余款。2009 年 12 月，国家标准管理委员会出台了关于《电动摩托车和电动轻便摩托车通用技术条件》的国家标准。标准规定自 2010 年 1 月 1 日起，“40kg 以上、时速 20km 以上的电动自行车，将称为轻便电动摩托车或电动摩托车，划入机动车范畴”。目前，使用 36V、10A · h 铅酸电池的电动自行车，其质量几乎均超过 40kg，需要改用性能更高、质量更轻的电池。该国家标准的实施加速了锂电动自行车的推广和应用。

2007 年，中国国内电动自行车销量达 1700 万辆，另有大量出口，保有量达 5000 万辆。按每辆车需电池 0. 4kW · h 计算，如果中国锂电动自行车年产量达 1000 万辆，则需要锂电池 400 万千瓦时，相当于 20 万辆插电式混合动力汽车的需求量，折合电池级碳酸锂需求量为6000t。

三、电动汽车用锂电池

据联合国的统计数据，目前全世界拥有8亿辆汽车，每年要消耗250亿桶石油，占世界石油消耗的75%。在当前石油价格不断上涨的背景下，世界各国日益重视清洁能源和替代能源的开发利用，混合动力汽车将成为市场的重要交通工具，将更多地需要锂电池作为动力来源。从长期来看，电动车和混合动力车将是一个巨大的市场。

电动汽车要取代燃油汽车，动力电池是关键，由于传统化学电池存在着储存能量低、质量大、寿命短和不安全等因素，成为电动汽车产业化发展的瓶颈。电动汽车中的锂电池的使用率正在明显上升。日本富士经济认为，锂离子电池在2011年开始逐步取代镍氢电池，电池级锂离子可能将成为未来的主流技术路线。

如果锂电池实现在电动汽车、混合动力汽车的大规模商业应用，将极大地刺激电池级碳酸锂的市场需求。从现有的技术路线来看，一辆插电式混合动力汽车的动力电池需要使用约30kg碳酸锂，如图1-3所示。

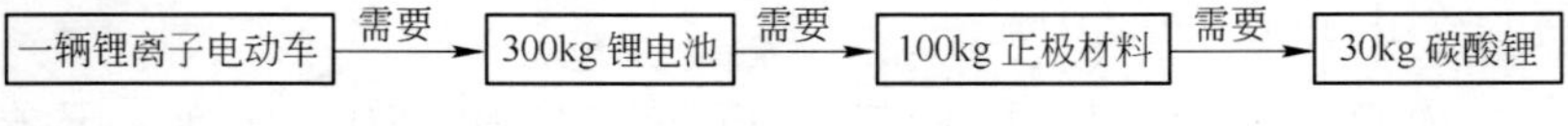

图1-3 一辆插电式混合动力汽车使用碳酸锂的技术路线图

日本IIT预测，到2015年全球电动车产量将达到约280万辆，锂电池车将成为未来锂产品需求增长的主要动力，预测的锂电池用碳酸锂需求量如图 1-4、图 1-5 所示。

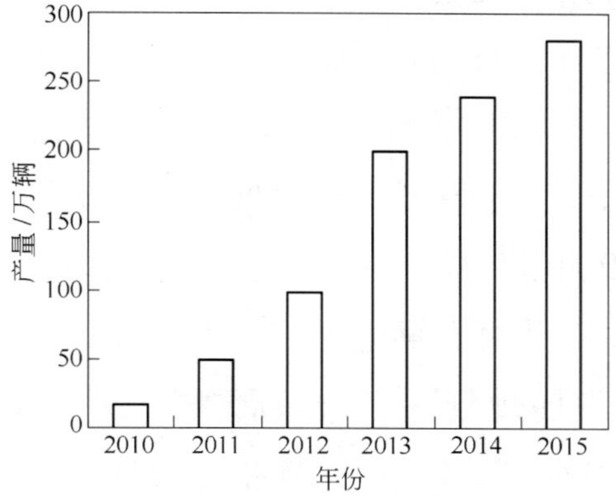

图 1-4　锂电池车产量

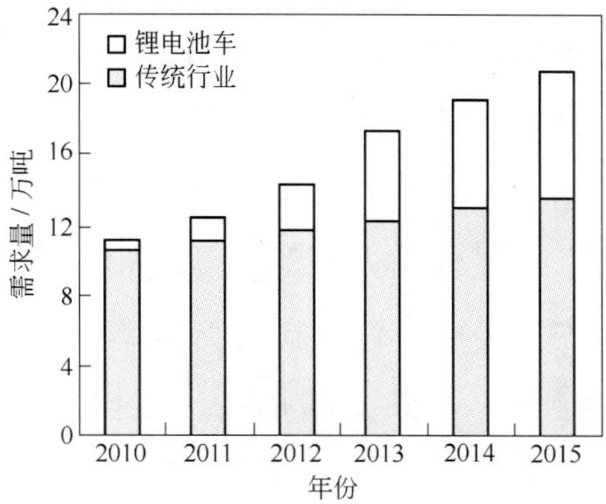

图 1-5　锂电池车对碳酸锂需求量

图 1-5 中假设除电动车外的其他传统行业对碳酸锂的需求以每年 5% 的速度增长（资料来源于《日本 IIT2008 年锂电市场专业研究报告》）。

国内政策方面，国家科技部提出，到 2012 年国内将有

10%新生产的汽车是节能与新能源汽车。2009年3月《汽车产业调整和振兴规划》中提出，到2011年新能源汽车要形成50万辆的产能，新能源汽车销量要占到乘用车销售总量的5%左右。2009年11月，温家宝总理指出新能源汽车已成为全球汽车工业发展方向，推动新能源汽车工业的跨越式发展。2009年11月，中美两国发表《联合声明》，两国在未来数年将有几百万辆电动汽车投入使用。近期可能出台《新能源汽车发展规划》，明确新能源汽车行业各阶段发展目标，明确关键零部件国产化率指标及其他5项配套扶持政策，产业政策层面推动的力度很大。在配套领域，国家电网计划2013年年底前在全国27个城市开建电动车充电站。南方电网也正在布局，国家也将陆续出台各种补贴措施。

在企业层面，截至目前，国内已经有24家汽车企业、47种新能源汽车产品列入中国生产企业和产品公告，这其中包含了电动车、混合动力车等，新上市的新能源汽车基本上以锂电池为主。当前，许多国际知名汽车制造商都致力于开发动力锂电池汽车，如美国福特，法国雷诺，德国奔驰、克莱斯勒，日本丰田、三菱、日产，韩国现代等。国内汽车制造商比亚迪、一汽、上海汽车、广汽、福田、长安、奇瑞等也纷纷在自己的混合动力和纯电动汽车中搭载动力锂电池。电动汽车领域锂电池的应用步伐正在加快。

综上所述，基于各国政府的政策支持以及汽车厂商的积极推动，未来锂电池及其相关产业的发展将面临巨大的发展机遇，电动汽车市场极可能成为电池级碳酸锂新的利润增长点。

第八章　上市公司简介

一、西藏矿业（000762）

西藏矿业发展股份有限公司是由西藏自治区矿业发展总公司、四川都江堰海棠电冶厂、山南地区泽当供电局、西藏山南地区铬铁矿、西藏藏华工贸有限公司五家发起人共同发起设立的股份有限公司。公司经营也由单一的铬铁矿生产，发展形成了以铬、铜、锂开采、加工、销售为主的三大支柱产业和以硼矿、锑矿等多矿种开采为辅的生产经营模式。拥有扎布耶盐湖51%股份20年，锂储量居世界第三位，约200万吨。西藏扎布耶盐湖是一个超大规模锂、硼、钾等多矿种的盐湖矿床，属世界三大锂盐湖之一，品位列居世界第二位。按1/3可采比计算，资源潜在价值达1500亿元。扎布耶盐湖具有世界独一无二的天然碳酸锂固体资源和高锂贫镁、富碳酸锂的特点。卤水已接近或达到碳酸锂的饱和点，易于形成不同形式的天然碳酸锂的沉积，因而具有比世界同类盐湖相对更优的资源和开采提取优势、成本优势。中国锂盐生产以传统的锂辉石及锂云母为原料，与国外卤水提锂工艺相比，在规模、成本方面差距大。西藏矿业扎布耶盐湖卤水提锂技术水平已达到了国际先进水平，比国外卤水提锂具有明显的成本优势和市场优势。西藏矿业的发展战略是充分利用铬铁资源发展空间，在5年内继续保持年产铬铁矿5万吨以上；同时，扩大扎布耶的建设规模，进一步完善生产工艺，加快碳酸锂精矿的提取进度，争取在5年内实现年产2.5万吨碳酸锂系列产品的远景目标，打造西藏矿业集团航空母舰。

二、路翔股份（002192）

路翔股份所属甲基卡锂铍矿床位于四川省西部康定、雅江、道孚三县交界处，是中国20世纪70年代初期勘查的特大型花岗伟晶岩型稀有金属矿床锂矿。当时，探明氧化锂储量92万吨，共生的氧化铍储量也达到大型矿床规模，矿石锂储量居全国之首，并居亚洲第一位、世界第二位。该矿床发现于1959年，四川省地质局四零四队于1974年提交了《康定县甲基卡稀有金属花岗伟晶岩矿床详细普查报告》，并进行了选矿试验，证明矿石易选。

路翔股份拟对甘孜州融达锂业有限公司进行股权投资。投资金额不超过5000万元，约占投资后融达锂业股份的25%~40%。融达锂业为广州融捷投资管理集团有限公司与四川省矿业有限公司共同投资成立的有限责任公司，注册资本5000万元。其中，融捷投资占70%股份，四川矿业占30%股份。其经营范围主要为开采、选取锂辉石矿，加工和销售锂精矿、铍精矿、钽铌精矿及锂的深加工产品，与路翔股份主营范围无关。公司拥有康定县甲基卡134号脉锂辉石矿采矿权，采矿权的区域范围内锂辉石储量约534万吨，采矿权期限30年。

三、中信国安（000839）

中信国安经过多年的培育期，大力开发了青海盐资源综合项目，其总计氯化锂资源储量763.85万吨，氯化锂含量一般在2.2～3.89g/L之间，矿床开发的内外部条件好。中信国安投资建设了2万吨碳酸锂项目。在碳酸锂方面，继万吨级生产线年初一次性投料试车成功后，青海国安重点对喷雾干燥车间、盐酸车间等相关设施进行了设备检测及技术改造，边调试边生产，逐步提高生产能力。中信国安盟固利（简称MGL）是中信国安股份有限公司控股90%的子公司。MGL始建于2000年4月，主要从事锂离子二次电池关键材料和高能量密度动力锂离子二次电池的研发、生产与销售。MGL目前是国内最大的锂电池正极材料钴酸锂和锰酸锂的生产厂家，同时也是国内外唯一大规模生产动力锂离子二次电池的厂家。公司动力电池被北京奥组委确定为2008年北京奥运会纯电动公交车的独家供应产品。公司开发的新型钴酸锂产品销售势头良好，保持了较为稳定的市场份额，动力电池正极材料锰酸锂在市场应用方面也取得了较大的成效。

四、盐湖集团（000578）

察尔汗盐湖总面积为5856km^2，是中国最大的可溶性钾镁盐矿床。湖中蕴藏着极为丰富的钾、钠、镁、硼、锂、溴等自然资源，总储量为600多亿吨。其中，仅氯化钾表内储量为5.4亿吨，占全国已探明储量的97%；氯化镁储量为16.5亿吨，氯化锂储量为800万吨。在200t碳酸锂实验取得成功的基础上，盐湖集团与核工业北京冶金化工研究院合作，投资5.33亿元建设年产1万吨碳酸锂项目，组建了青海盐湖蓝科锂业股份有限公司，采用吸附法—卤水提锂技术进行生产。吸附法—卤水提锂技术是新工艺、新技术，具有针对性和独特性，该技术已达到了国际水平，锂回收率达到70%以上，产品纯度达到99%，2009年进入投料试车阶段。在1万吨碳酸锂项目成功运行基础上，拟及时扩建适当规模的碳酸锂项目，并就氯化锂、钴酸锂、金属锂、锂电池等下游系列产品进行开发和研究，争取在较短时间内延伸锂产业链，并形成一定的经济规模。

五、天齐锂业（002466）

天齐锂业是全国规模最大的锂产品生产企业，是中国锂行业中技术领先、规模最大、最具综合竞争力的企业，在世界同行业内独家拥有矿石法生产电池级碳酸锂和电池级无水氯化锂等核心技术。

天齐锂业已通过全资子公司天齐盛合竞拍获得四川省雅江县措拉锂辉石矿的探矿权，该矿区面积23.54km^2。目前已探明该探矿权所属区域内资源折合氧化锂含量6%的SC6.0规格锂精矿约372万吨。天齐锂业目前正在办理采矿权，2012年下半年开始出矿，年产氧化锂含量6%的SC6.0规格锂精矿约8万吨。

六、赣锋锂业（002460）

赣锋锂业是专业从事锂及衍生物系列产品研发生产的高新技术企业，是全球最大的金属锂生产供应商之一，拥有基础锂、金属锂、有机锂、锂合金系列等完整的锂产品链。赣锋锂业拥有多项专利，是国内首家突破从卤水中直接提取电池级碳酸锂和氯化锂技术的企业、国内唯一实现规模化回收含回收料的企业、国内唯一专业化和规模化供应丁基锂的企业。其产品广泛应用于橡胶、制药、电池、精细化工、冶金等领域，主要产品不仅在国内占有主要市场份额，同时也出口到美国、欧盟、韩国、印度等国际市场。

赣锋锂业的主要产品是金属锂、碳酸锂和氯化锂，分别占 2009 年公司主营业务收入的 41%、26% 和 8%，相应的毛利率依次稳定在 25.47%、21.79% 和 29.88% 的水平。

第九章　安全与环保

在欧洲，由于环保要求，镍镉电池已被禁止生产和使用。锂离子电池作为新型绿色环保产品，其具备不含汞、镉等污染物质，使用寿命长、能量充足等优势而被推广使用。锂电池中不存在有害物质，是名副其实的"绿色电池"。此外，法国、德国等国家已经研究出以金属锂为原料的取代核电的环保且无辐射的非核电站，其效率高于传统核电站。

随着世界能源的紧张，石油价格不断上涨，替代能源的寻找已成为全球性的课题。锂因具有重要的战略地位，被誉为“二十一世纪的能源金属”。同时，由于其突出的环保特性，锂也被列为“二十一世纪的清洁能源”。

第十章 综合利用和再生

第一节 废旧锂离子电池回收的意义

废旧电池内含有大量的重金属以及废酸、废碱等电解质溶液，如果随意丢弃，废旧电池渗出的重金属会造成江、河、湖、海等水体的污染，间接威胁人类的健康。因此，回收处置废电池不仅处理了污染源，而且也实现了资源的回收再利用。目前，动力电池主要是镍氢电池和锂电池两种形式，混合动力电池目前多采用镍氢材料。但是，由于镍氢电池的一些技术性能已经接近理论极限值，因此并不被认为是未来的发展方向。相对而言，锂离子电池由于工作电压高、体积小、无记忆效应、自放电小、循环寿命长等优点，得到广泛的认可。废弃锂离子电池中通常含钴 5% ~15%，锂 2% ~7%，镍 0.5% ~2%，其回收再利用价值相对较高。锂离子电池中还含有六氟磷酸锂等有毒物质，会对环境和生态系统造成严重污染，钴、锰、铜等重金属通过积累作用也会由生物链危害人类自身，极具危害性。随着锂离子电池应用的越来越广泛，回收锂离子电池中的有价金属、减少对环境造成的污染、缓解资源匮乏等问题，具有重要的社会意义和经济意义。

第二节　废旧锂离子电池回收技术

一、干法技术

干法是将锂离子电池还原焙烧分离出钴、铝，浸出分离钴和乙炔黑。日本索尼公司和住友金属矿山公司合作研究从废旧锂离子二次电池中回收钴等的技术，其工艺为先将电池焚烧，再筛选去铁和铜后，将残余粉加热并溶于酸中，用有机溶剂萃取可提出氧化钴。

Churl Kyoung Lee 等先把废旧锂离子电池破碎，再进行热处理，将可燃材料变为气体，留下 $LiCoO_2$。在恒温水浴中，加入硝酸、双氧水溶解 $LiCoO_2$，使得 Co 和 Li 的浸出率均达到 85%。

干法工艺相对简单，但是能耗较高，电解质溶液和电极中其他成分燃烧容易引起大气污染。

二、湿法技术

湿法是以无机酸溶液将废旧电池中的各有价成分浸出后，再以一定的方法加以回收。

Zhang Pingwei 等在 80℃ 下用盐酸浸出锂离子二次电池正极料，Co、Li 的浸出率均大于 99%。之后，用 PC-288A（2-乙基己基磷酸-单-2-乙基己基醚）萃取 Co，反萃取后以硫酸钴形式回收钴。再加入碳酸钠溶液，生成碳酸锂沉淀，回收率接近80%。

Kudo Mistuhiko 等用酸浸出锂离子电池正极废料，向浸出液中加入两性金属，使 Co^{2+} 变成 Co，然后除去两性金属，获得金属 Co。

在研究中，王晓峰等先将电极材料在稀盐酸中溶解，再调节 pH =4，选择性沉淀出铝的氢氧化物，然后调节 pH 值至10左右，使钴、镍生成氨的配合物，再通入 O_2 把 Co^{2+}、Ni^{2+} 氧化，并将溶液通过离子交换树脂，再用草酸盐将 Co 和 Ni 沉淀下来。

吴芳采用碱溶解电池材料，预先除去约90%的铝，然后采用 $H_2SO_4 + H_2O_2$ 体系浸出滤渣，浸出后的滤液中含有 Fe^{2+}、Ca^{2+}、Mn^{2+} 等杂质，用 P_2O_4 溶剂萃取得到钴和锂的混合液，然后用 P_5O_7 溶剂萃取分离钴、锂，反萃取后得到硫酸钴，萃余液沉淀回收碳酸锂，锂的一次回收率为76.5%。

湿法工艺能耗也较大，且工艺流程长，对设备要求高，成本较高，资源回收率较低。

三、离子筛法处理锂离子电池

2003年，武汉理工大学发明了一种用 λ-MnO_2 离子筛从废锂离子电池中分离回收锂的新方法，当年即被授予发明专利。其步骤为：将电池解体去除外壳，将电池芯浸泡在盐酸中使其充分溶解；调节体系的 pH 值大于10，过滤后得到含锂离子的料液；用 λ-MnO_2 离子筛处理料液，对锂离子进行选择性吸附分离，然后用盐酸对吸附在离子筛中的锂离子进行洗脱，蒸发洗脱液得到氯化锂，向洗脱液中加入 Na_2CO_3，加热浓缩后得到碳酸锂沉淀。

四、微生物浸出工艺

所谓微生物浸出工艺就是用微生物将体系中有用组分转化为可溶化合物并选择性地溶解出来，得到含金属的溶液，实现目标组分与杂质组分分离，最终回收有用金属的技术。

与传统电池回收技术相比，微生物浸出工艺有基建投资少、操作成本低、对环境的污染小等优点。但这是一个比较新的课题，还有诸多问题需要解决，如菌种的选择与培养，浸出条件的控制，金属的生物浸出机理等。

五、其他再生利用技术

$LiCoO_2$ 电极可以通过电化学还原技术将 Co^{3+} 还原为 Co^{2+}。同时，锂从 $LiCoO_2$ 固体结构中释放出来，这样避免了引入其他化学物质而造成后续处理工艺的复杂化。D. S. Kim 等依据“溶解-沉淀”的作用机制进行了 $LiCoO_2$ 修复分离的探索研究，修复并同时分离出 $LiCoO_2$ 材料，且方法步骤简单。

第三节　废旧锂电池回收利用的对策与建议

废旧锂电池回收利用的对策与建议有：

（1）从电池生产者入手，做好分类回收。电池的生产者应对含有危险废物的电池进行标识，表明有害物质的种类和含量，以便于分类回收。同时，生产者也要不断改进电池的生产工艺，减少电池中重金属等有害成分的含量。

（2）加大宣传力度，提高环保意识。目前，人们对废旧电池污染的认识不足，还未形成自觉收集废电池的环境保护意识。虽然，近几年废旧电池的回收已引起有关部门重视，指定了专门进行回收的定点单位，但收效甚微。因此，应大力宣传，提高人们对废电池回收利用意义的认识，相关团体组织也应开展相应的实践活动，培养人们保护环境的社会责任感，在全社会形成一个良好的环保氛围。

（3）完善法律法规，建立完善的管理体系。为实现电池产品的低汞和无汞化，在电池管理政策上我国制定了《无汞干电池》标准，相关部委也发出《关于限制电池汞含量的规定》，这些规定起到了从源头上控制废电池环境污染的作用。政府相关部门还要制定符合中国国情的管理办法和具体可行的实施细则，通过立法要求生产者、销售者回收其产品废弃物。同时，尽快建立健全回收体系，为废旧电池的回收利用创造各种便利条件。

（4）加强技术研究开发。要加大对废旧电池回收利用技术应用的研究，研制出投资小、污染少、处理效益高的新工艺。同时，从电池生产的源头控制有害成分的含量，加快环保型可充电电池的开发，减少电池的废弃量。今后，废旧锂离子电池的资源化技术研究将会更加全面和成熟。同时，应该加强废电池的环境管理，使处理技术朝着低成本、无二次污染的方向发展，走发展新型绿色环保电池之路，使生产和再生利用形成一个良性循环，真正做到利于民又无害于民、无害于自然。

第十一章　世界主要锂生产企业

锂行业是一个国际化的竞争性行业，国际上主要锂的生产企业有 SQM、FMC 和 Chemetall 公司。

SQM 公司是全球最大的锂产品生产企业，1997 年正式进入锂产品市场，拥有智利阿塔卡玛盐湖大部分已证明储量的开采权。其主要锂产品为碳酸锂和氢氧化锂。2009 年碳酸锂及其衍生物的销量约 2.13 万吨；2010 年碳酸锂及其衍生物的销量约 3.24 万吨；2011 年碳酸锂及其衍生物的销量约 4.05 万吨。

Chemetall 公司是美国洛克伍德特殊化学品集团公司的子公司，在智利阿塔卡玛盐湖和美国银峰盐湖设有卤水提取生产基地。其主要锂产品包括碳酸锂、氢氧化锂、硝酸锂、氯化锂、丁基锂和铝氢化合锂等。2010 年碳酸锂及其衍生产品产量约 2.8 万吨；2011 年碳酸锂及其衍生产品产量约 3 万吨。

FMC 公司主要以阿根廷的翁布雷穆尔托盐湖作为生产基地进行锂产品生产。其主要锂产品包括碳酸锂、氯化锂和氢氧化锂。2009 年碳酸锂及其衍生物的销量约 1.6 万吨；

2010 年碳酸锂及其衍生物的销量约 1.9 万吨；2011 年碳酸锂及其衍生物的销量约 2.2 万吨。

第十二章 锂 标 准

从 20 世纪 80 年代开始，中国相继制定了一批锂的国家或行业标准。特别是进入 21 世纪后，随着中国锂工业的快速发展，加快了标准的制（修）订工作，逐步形成了锂矿、锂盐、金属锂及其合金、锂电池材料等系列标准，以下就从这四个方面进行介绍。

第一节 锂 矿 标 准

锂在自然界中主要存在于锂辉石（$LiAlSi_2O_6$）和锂云母以及透锂长石（$(LiNa)AlSi_4O_{10}$）和磷铝石中。锂在地壳中约含 0.0065%，丰度居第 27 位。锂辉石和锂云母是中国提取锂盐和金属锂的两种主要原料，中国锂辉石的主要产地有四川、新疆、江西及河南等省和自治区，锂云母的主要产地为江西宜春。

近几年来，由于玻璃和陶瓷行业的技术进步，作为玻璃、陶瓷添加剂用的锂盐逐步被锂辉石、锂云母或锂长石及提锂渣所取代。2008 年国家修订了锂辉石、锂云母精矿的化学分析方法，2009 年完成了锂云母精矿和锂长石标准的制（修）订，锂辉石精矿的标准也已完成修订，2011 年已经正式发布实行。

与锂矿有关的标准见表1-2。

表1-2　锂矿标准

标准号	标准名称
YS/T 236—2009	锂云母精矿
YS/T 261—2011	锂辉石精矿
YS/T 722—2009	锂长石
YS/T 509.1～509.11—2008	锂辉石、锂云母精矿化学分析方法（11个部分）
GB/T 17413.1—1998	锂矿石、铷矿石、铯矿石化学分析方法 火焰原子吸收/发射分光光度法测定锂量

YS/T 236—2009《锂云母精矿》将锂云母精矿分为4个品级，氧化锂主含量分别为4.4%、4.0%、3.5%和2.5%，对氧化钾、氧化钠、氧化铁和氧化铝的含量也做了相应的规定，产品供提取锂及其化合物和玻璃、陶瓷工业等用。

新修订的YS/T 261—2011《锂辉石精矿》将锂辉石精矿分为6个品级：微晶级-1、微晶级-2、陶瓷级、化工级-1、化工级-2、玻璃级，对应的氧化锂含量分别为7.50%、7.00%、6.50%、6.00%、5.50%和5.00%，对氧化铁、一氧化锰、氧化钾、氧化钠和五氧化二磷的含量做了相应的规定，另规定了化工级产品中的氧化镁含量。

YS/T 722—2009《锂长石》将产品分为3个品级，氧化锂的含量分别为0.7%、0.5%和0.2%，对氧化钾、氧化钠、氧化铁和氧化铝的含量也做了相应的规定，产品供提取玻璃、陶瓷工业用。

YS/T 509—2008《锂辉石、锂云母精矿化学分析方法》规定了锂辉石精矿和锂云母精矿中主要成分和杂质元素的分析方法，基本可以满足各方需求。

第二节　锂 盐 标 准

基础锂盐主要是碳酸锂、氢氧化锂。以初级锂盐为原料加工的产品主要有：氯化锂、溴化锂、硫酸锂、氟化锂、磷酸锂、高氯酸锂、硝酸锂、电池级氢氧化锂、高纯碳酸锂、电池级氢氧化锂等。目前，中国的锂盐产量已超过世界锂盐产量的四分之一，加快矿石提锂和卤水提锂技术的进步，降低生产成本，稳定产品质量至关重要。

近年来，全国有色金属标准化技术委员会根据企业的要求，制（修）订了数十项产品标准和分析方法标准，已报批的标准还有《电池级单水氢氧化锂》、《电池级氯化锂》等，对 GB/T 11064.1 ~ 11064.18—1989《碳酸锂、单水氢氧化锂、氯化锂化学分析方法》的修订工作也已展开，申报工作和试验工作同时在进行。

锂盐的国家标准和行业标准见表 1-3。

表 1-3　锂盐标准

标 准 号	标 准 名 称
GB/T 8766—2002	单水氢氧化锂
GB/T 10575—2007	无水氯化锂

续表 1-3

标准号	标准名称
GB/T 11075—2003	碳酸锂
GB/T 22666—2008	氟化锂
GB/T 23853—2009	卤水碳酸锂
YS/T 546—2008	高纯碳酸锂
YS/T 582—2006	电池级碳酸锂
YS/T 637—2007	彩色荧光粉用磷酸锂
YS/T 638—2007	彩色荧光粉用碳酸锂
YS/T 661—2007	电池级氟化锂
GB/T 11064. 1 ~ 11064. 18—1989	碳酸锂、单水氢氧化锂、氯化锂化学分析方法（18 个部分）
GB/T 22660. 1 ~ 22660. 8—2008	氟化锂化学分析方法（8 个部分）
GB/T 23835. 1 ~ 23835. 13—2009	无水高氯酸锂及化学分析方法（13 个部分）

GB/T 8766—2002《单水氢氧化锂》将产品分为 $LiOH \cdot H_2O$-T1、$LiOH \cdot H_2O$-T2、$LiOH \cdot H_2O$-1、$LiOH \cdot H_2O$-2 四个品级，LiOH 的主成分都不小于 56. 5%，杂质元素钠、钾、铁、钙、碳酸根、硫酸根、氯离子、盐酸不溶物、水不溶物的含量不同。

GB/T 10575—2007《无水氯化锂》将产品分为 LiCl-T、LiCl-0、LiCl-1 三个牌号，LiCl 的含量分别为 99. 3%、99. 3% 和 99. 0%，杂质元素钠、钾、氧化铁、氯化钙、氯化镁、硫酸根、盐酸不溶物等的含量不同。

GB/T 11075—2003《碳酸锂》将产品分为Li_2CO_3-0、Li_2CO_3-1、Li_2CO_3-2 三个牌号，主含量分别为 99.2%、99.0%和98.5%，杂质成分氧化钠、氧化铁、氧化钙、硫酸根、氯离子、盐酸不溶物、氧化镁等的含量不同。

GB/T 22666—2008《氟化锂》将产品分为LF-1、LF-2、LF-3 三个牌号，主成分含量分别为 99%、98% 和 97.5%，杂质成分镁、氧化硅、氧化铁、硫酸根、钙的含量不同。

GB/T 23853—2009《卤水碳酸锂》将产品分为优等品、一等品和合格品，主成分含量分别为 99.2%、99% 和 98.5%，对杂质成分钠、钾、铁、钙、镁、硼、硫酸根、氯离子、盐酸不溶物和干燥减量做了不同规定。

YS/T 546—2008《高纯碳酸锂》将产品分为Li_2CO_3-05、Li_2CO_3-045、Li_2CO_3-04 三个牌号，主成分含量分别为 99.999%、99.995%和99.99%，对铅、铜、铁、镉等20个杂质元素含量做了规定。

YS/T 582—2006《电池级碳酸锂》规定的产品主成分含量为 99.50%，对钠、钾、钙、镁、硅、铁、铜、铅、镍、锰、锌、铝、氯离子、硫酸根含量做了规定。

YS/T 637—2007《彩色荧光粉用磷酸锂》将产品分为$FCLi_3PO_4$-1、$FCLi_3PO_4$-2、$FCLi_3PO_4$-3 三个牌号，主成分含量分别为 99.9%、98.0% 和 95.0%，规定了杂质元素钙、镁、铁、铜、铅、镍和氯的含量。

YS/T 638—2007《彩色荧光粉用碳酸锂》将产品分为$FCLi_2CO_3$-1、$FCLi_2CO_3$-2 两个牌号，主成分含量分别为

99.9%和99.0%，规定了杂质元素钙、铁、铜、铅、镍和氯的含量。

YS/T 661—2007《电池级氟化锂》规定产品的主含量为99.959%，规定了杂质元素钠、钾、钙、镁、铁、铝、铅、镍、铜、硅、氯离子、硫酸根等。产品主要用于生产电池级六氟磷酸锂。

GB/T 11064—1989《碳酸锂、单水氢氧化锂、氯化锂化学分析方法》规定了碳酸锂、氢氧化锂、氯化锂等产品的主成分和杂质元素含量，基本上能满足以上产品的分析要求。该标准已发布实施20多年，无法满足电池级产品和高纯产品的分析要求，亟待修订。

GB/T 22660—2008《氟化锂化学分析方法》规定了氟化锂产品的试样制备和储存、湿存水含量、氟含量、镁含量、钙含量、二氧化硅含量、氧化铁含量及硫酸根含量等的测定方法，基本上能满足氟化锂产品的分析要求。

GB/T 23835—2009《无水高氯酸锂及化学分析方法》规定了无水高氯酸锂产品的分析方法。

第三节　锂金属及合金标准

金属锂是一种广泛用于高新技术领域的重要材料，除用于原子能、航天及国防尖端工业外，在高性能锂电池、飞机结构用合金材料等民用工业也广泛应用。世界上只有美国、俄罗斯、中国等少数国家能生产99.9%以上纯度的金属锂，世界年产量在3000t左右，供需基本上可以达到平衡。金属锂的生产方法主要采用氯化锂熔盐电解制备。锂带主要用作锂系列电池的负极材料，市场需求日益增加。近年来，国内各企业成功开发了数十种规格的锂带，产品质量不断改进。锂的产品还包括锂棒、锂片、锂粒、锂丝等。金属锂还可以与其他金属形成性能良好的合金，如铝锂合金、镁锂合金、钙锂合金、铜锂合金等。

已经制定的标准见表1-4。

表1-4 金属锂标准

标准号	标准名称
GB/T 4369—2007	锂
GB/T 20930—2007	锂带
GB/T 20931.1～20931.11—2007	锂化学分析方法（11个部分）

GB/T 4369—2007《锂》将产品分为5个牌号Li-1（高纯级）、Li-2（低钠级）、Li-3（电池级）、Li-4（工业级）、Li-5（高钠级），主成分锂的含量分别为99.99%、99.95%、99.90%、99.00%和98.00%，规定了钾、钠、钙、铁、硅、铝、镍、铜、镁、氯和氮的含量。该标准的化学成分指标优于俄罗斯国家标准，成分更全面；部分指标也优于法国、以色列、加拿大等国企业的标准，达到了国际先进水平。

GB/T 20930—2007《锂带》将锂带分为5个牌号：Li-1（高纯级）、Li-2（低钠级）、Li-3（电池级）、Li-4（工业级）、Li-5（高钠级），主成分锂的含量分别为99.99%、99.95%、99.90%、99.00%和98.00%，规定了钾、钠、

钙、铁、硅、铝、镍、铜、镁、氯和氮的含量。

GB/T 20931—2007《锂化学分析方法》规定了金属锂中钾、钠、钙、铁、硅、铝、镍、铜、镁、氯和氮的含量的测定方法，能够满足金属锂产品分析的要求，与国外同类标准比较，该标准分析方法达到国际先进水平。

第四节　锂电池材料标准

锂电技术的突破和3G手机、储能装置、电动汽车、电动自行车等便携储能设备的发展，促使锂电行业飞速发展。近年来，更是由于节能和环保的需要，以及大型动力锂电池技术的进步，使其在电动汽车、电动自行车、电动工具和储能等领域的应用展现出巨大的发展前景，也给锂电池材料企业带来了巨大的发展机遇。

2009年，全世界锂电池正极材料的产量约3.8万吨。其中，中国的产量为1.8万吨，在国际上占有重要的地位。2006年，中国就发布了世界上第一个国家级的钴酸锂标准。

中国已制定的锂电池材料标准主要包括钴酸锂、锰酸锂等正极材料和电解液产品标准及相关检测方法标准见表1-5。

表1-5　锂电池材料标准

标准号	标准名称
GB/T 20252—2006	钴酸锂
YS/T 677—2008	锰酸锂
GB/T 19282—2003	六氟磷酸锂产品分析方法

续表 1-5

标准号	标准名称
GB/T 23365—2009	钴酸锂电化学性能测试 首次放电比容量及首次充放电效率测试方法
GB/T 23366—2009	钴酸锂电化学性能测试 放电平台容量比率及循环寿命测试方法
GB/T 23367.1—2009	钴酸锂化学分析方法 第1部分：钴量的测定 EDTA滴定法
GB/T 23367.2—2009	钴酸锂化学分析方法 第2部分：锂、镍、锰、镁、铝、铁、钠、钙和铜量的测定 电感耦合等离子体原子发射光谱
HG/T 4066—2008	六氟磷酸锂和六氟磷酸锂电解液 第1部分：六氟磷酸锂
HG/T 4067—2008	六氟磷酸锂和六氟磷酸锂电解液 第2部分：六氟磷酸锂电解液

GB/T 20252—2006《钴酸锂》规定了锂离子电池用正极材料钴酸锂的化学成分、晶体结构、振实密度、粒度分布、比表面积、pH值、首次放电比容量、首次充放电效率、平台容量比率和循环寿命等。该标准规定的各项技术指标合理，检测方法科学可行，代表了中国锂离子动力电池正极材料钴酸锂的先进水平，对于提升行业水平，带动行业发展具有非常重要的意义。

YS/T 677—2008《锰酸锂》规定了锂离子电池用正极材料锰酸锂的化学成分、晶体结构、振实密度、粒度分布、比表面积、pH值、首次放电比容量、首次充放电效率、平台容量比率和循环寿命等。

GB/T 19282—2003《六氟磷酸锂产品分析方法》规定了六氟磷酸锂产品中六氟磷酸锂的鉴别、六氟磷酸根、水分、锂含量、杂质金属离子、二甲氧基乙烷（DME）不溶物的测定的分析方法。本标准适用于六氟磷酸锂产品中相关成分的分析。

第五节 锂标准现状分析

20 世纪 90 年代中期至 2001 年前，制（修）订的锂标准数量少，主要原因是当时受国外卤水提锂冲击的影响，中国很多锂厂停产或减产，有些甚至关闭，行业的不景气影响了标准的制（修）订工作。其次，国内锂电池材料尚处于研究开发中，锂产品的种类少，只有碳酸锂、单水氢氧化锂、无水氯化锂、金属锂等几个产品标准。

2004 年后，随着锂在电池材料中的应用，中国及时开展了钴酸锂等一批新材料的标准化工作，相继制定了锰酸锂等一批锂离子电池正极材料标准，满足了国内外生产和贸易的需求。目前，中国大宗的锂产品均已制定或正在制定相关的标准，针对不同级别或用途的产品也单独制定了标准，最主要和最初级的锂盐产品碳酸锂，针对其用途和级别，分别制定了工业碳酸锂、高纯碳酸锂、电池级碳酸锂、彩色荧光粉用碳酸锂等标准，满足了生产商和用户的要求。

锂行业的快速发展也推动了锂产业的标准化工作，每年都有一批锂产品或分析方法标准发布实施，企业参与标准起草的积极性也越来越高。2009 年陆续完成多项锂产品标准的制（修）订工作，如镍酸锂、电池级单水氢氧化锂标准、锂-锰扣式系列电池负极材料锂圆片标准、锂铝合金标准等，同时完成了 GB/T 20252—2006《钴酸锂》的英文出版；2010 年陆续开展镍钴锰酸锂、钛酸锂、丁基锂等产品的标准制定工作，这些标准的制定实施，将逐步完善锂系列标准，满足社会需求。

第六节 展 望

锂应用领域的不断扩展和新产品的研发，也促进了锂产业的标准化工作，标准的制（修）订工作应紧跟研发和生产，促使企业制定合理的生产工艺，稳定和提高锂产品质量。在标准制（修）订过程中，国内企业能积极参与，不断提高标准水平，经过几年的努力，中国必将建立一个比较完善的锂标准体系。

第二篇

铷

第一章　发现史

1861年，德国人基尔霍夫（G. R. Kirchhoff，1824～1887年）和本森（R. W. Bunsen，1811～1899年）在研究锂云母光谱时发现在深红色区有一新线，表明存在一个新元素，根据拉丁文rubidus（深红色）命名为rubidium（铷）。同年，本森电解熔融氯化铷制得金属铷。

铷在被发现后的近60年中没有得到应用。1920年开始利用铷易游离出价电子的特性，用于制作光电管，但用量很小。第一次世界大战前，仅德国少量生产铷，年产量仅数百克。20世纪30年代美国开始生产铷，但一直限于实验室规模。由于铷产品稀少而昂贵，限制了对其性质的研究，长久不为人们所认识，没有获得重要的应用。

1957年，美国成功地研究出从锂云母的母液——混合碳酸碱液（含Rb_2O 23%、Cs_2O 2%）中提取铷、铯工艺，使铷产量骤增。由于铷是作为锂的副产品回收的，生产成本低，价格也随之显著下降，从而大大推动了对铷的物理化学性质和应用的研究。20 世纪 60 年代以来，铷及其化合物在电子工业、光学仪器、玻璃陶瓷、医药等领域获得较多应用。中国于 1956 年开始研究铷，60 年代初开始生产，现已能生产 20 多种铷、铯产品，能满足国内经济发展和科学研究应用的需求。

第二章　性质和用途

铷，元素符号 Rb，银白色稀有碱金属，在元素周期表中属 I_A 族，原子序数 37，相对原子质量 85.4678，体心立方晶体，常见化合价为 +1。

铷的物理化学性质介于钾和铯之间，是碱族元素中第二个最活泼的金属元素（仅次于铯），是自然界所有元素中第四个最轻的元素。金属铷质软、有延性，可用小刀切割。铷原子的外电子层构型为［Kr］5s1，具有体心立方晶体结构。铷和铯一样具有优异的导电性、导热性，最小的电离电位。铷有 20 种同位素，质量数在 79～95 之间。天然铷由稳定同位素^{85}Rb 和放射性同位素^{87}Rb 组成，前者占 72.15%，后者为 27.85%。Rb 衰变产生射线和稳定同位素 Sr，半衰期 5.9×10 年。上述反应常被用来确定岩石、古老矿物和陨石的年龄。铷的基本性能见表 2-1。

铷具有碱金属的所有化学特性，化学反应活性和正电性仅次于铯。铷在空气中能自燃，与水甚至低于 -100℃ 的冰接触能发生剧烈反应，生成氢氧化铷并放出氢。因此，纯金属铷通常存储于煤油中。在自然界，铷通常以化合物的形态存在。

表 2-1 铷的基本性能

元素符号	Rb
原子序数	37
相对原子质量	85.4678
熔点/℃	39
沸点/℃	688
密度(固,20℃)/g·cm^{-3}	1.532
密度(液,熔点)/g·cm^{-3}	1.475
临界温度/K	2100

铷和铯的化学性质较接近，不易分离。常见铷化合价为 +1 价，由 $Rb^+ \rightarrow Rb^0$ 的还原电位为 -2.924V。铷有 Rb(-1)和 Rb(1)两种氧化态。和铯、钾一样，金属铷和氧剧烈反应，生成一氧化铷（Rb_2O）、过氧化铷（Rb_2O_2）和超氧化铷（RbO_2），铷氧化时放出的热量足以使铷熔化和点燃。铷以能生成臭氧化物而著称。

铷的卤化物易和锡、锑、铋、镉、钴、铜、铁、铅、镁、镍、钍、锌等卤化物一起生成复盐，这些复盐都不溶于水，因此常用于铷的提取分离。

铷由于活性大，生产、使用、储存和运输必须在严密隔绝空气的装置中进行。80℃以下可用橡胶容器；200℃以下可用玻璃、石英、黄铜、铝或陶瓷容器；700～1000℃须用不锈钢、镍合金或镍制容器。

铷的优异性能已逐步被人们所认识。多年来，国内外做了不少开发研究工作，发现铷及其化合物在激光、等离子体技术中的热电转换器、离子推进发动机及铯离子通信系统、化学工业中无机合成及化学分析、放射性同位素、动力系统热载体、医疗、高能燃料、冶金等诸多领域均有其特殊的用途及作用。

一、金属铷

（一）频率和时间标准

铷辐射能具有较长时间稳定性，用于制造的原子钟，其体积小、质量轻、使用方便。

（二）磁强计

用铷蒸气制成的磁强计，测量范围广，达15000～80000伽马，可在地球上任何地方使用。

（三）感光材料

铷是制造光电管的主要感光材料，使用光波范围广、灵敏度高（稍逊于铯）、稳定。

（四）电解质

由于铷原子的最外层电子很不稳定，很容易被激发放射出来。利用铷原子的这个特点，科学家们设计出了磁流体发电和热电发电两种全新的发电方式。铷在这方面的广泛应用，将会给发电技术和能量利用带来一场新的重大的技术革命。

二、碳酸铷

（一）玻璃

在制造微孔导板玻璃中加入碳酸铷及碳酸铯，可改善玻璃的物理性能，增强光电作用，此种玻璃已用于夜视仪。

（二）制取各种铷化合物

以碳酸铷为原料，可制得各种铷的卤化物、硫酸盐、硝酸盐及铬酸盐等。铷及其化合物，在许多反应中具有良好的助催化性能。硝酸铷可用作化学钢化玻璃的熔剂，以提高玻璃的抗张强度。

（三）铷合金

铷和钾、钠、铯的合金可用以除去高真空系统的残余气体。铷、铷钠、铷锂等合金，可作运载核动力系统的工作流体。铷可配制易溶合金和用于特殊合金的添加剂。

铷与其他碱金属能制成熔点很低的液体合金，如13% Rb-87% Cs，共熔点 -39℃；15% K-85% Rb，共熔点 -34℃；8% Na-92% Rb，共熔点 -5.2℃。

（四）其他

氧化铷可以调整光学玻璃的密度和折射率，并可用来生产光敏和光色玻璃。铸铝合金中加入微量铷，可以改善其力学性能。碘化铷银（$RbAg_4I_5$）是良好的离子导体，用作固体电池电解质。铸铝合金中加入0.01% ~1%的铷，可以改善其力学性能。熔化的铜中加入0.01% ~0.5%的铷，用喷雾法可制得表面积大而性能好的铜粉。很多有机和无机合成中，可以用Rb_2O代替K_2O作助催化剂的组分。铷盐还可用于制药。

铷可以作为制造电子器件（光电倍增管光电管）、分光光度计、自动控制、光谱测定、彩色电视、雷达、激光器以及玻璃、陶瓷等的原料；在空间技术方面，离子推进器和热离子能转换器需要使用铷；铷的氢化物和硼化物可作高能固体燃料；放射性铷可测定矿物年龄。

第三章　资 源 概 况

第一节　铷矿物组成

铷在地壳中的丰度居第16位，平均含量为310g/t，与常见的铜、锌、锡等元素大致相同，比常见元素镉、砷、汞、锑及铌的含量高。在海洋中居第15位，含量为0.2g/t（见表2-2）。它在自然界中的分布相当广泛，如在矿泉水、许多植物灰、茶叶、咖啡以及甜菜、某些橘类植物中都存在铷，它们之所以被列为“稀有元素”，是由于其在地壳中分布广泛，很少形成单独的矿物。并由于它们的提取和冶金非常困难的缘故，致使价格非常昂贵。

表2-2　铷在地球中的含量分布

存在形式	铷存在浓度/$mg \cdot kg^{-1}$
海水	0.2
盐湖卤水	<1

续表 2-2

存在形式	铷存在浓度/$mg \cdot kg^{-1}$
地热水	<2.5
海洋植物	7.4
陆地植物	20
人全血	2.49
土壤	150
火成岩	300
沉积岩	400

铷在地壳中很分散，至今还没有发现单纯的铷矿物。铷常在锂云母、黑云母中少量存在。锂云母中铷含量可达3.73%，是提取铷的主要矿源（见表2-3）。很多矿泉水、盐湖卤水中也含有较多的铷（见表2-4）。如俄罗斯东西伯利亚的盐湖水含铷达$21.2\times10^{-4}\%$，死海为$60\times10^{-4}\%$，美国索尔顿湖水为$(137\sim169)\times10^{-4}\%$，哥伦比亚油田水为$14\times10^{-4}\%$，伍德油田水为$25\times10^{-4}\%$。光卤石也是铷的重要资源，其中铷含量虽然不高，但储量很大。德国拥有最多的光卤石储量，俄罗斯科拉半岛具有世界上最大的光卤石钾盐矿床。

表 2-3 锂云母典型组成 （%）

组成	产地					
	非洲比基塔	美国加利福尼亚	俄罗斯科拉半岛	中国宜春	中国新疆	中国上坪手选
Li_2O	3.87	4.92	6.01	5.80	2.49	2.78

续表 2-3

组 成	产 地					
	非洲比基塔	美国加利福尼亚	俄罗斯科拉半岛	中国宜春	中国新疆	中国上坪手选
Na_2O	0.13		1.70	0.59	2.60	0.25
K_2O	8.82	17.48	10.29	10.56	6.14	9.54
Rb_2O	3.73	0.97	1.22	1.72	0.805	0.66
Cs_2O	0.08	0.30	0.24	0.30	0.167	0.10
MnO	0.07		0.81		0.29	0.41
Fe_2O_3	0.40		0.46	0.37	0.62	10.80
FeO	0.24		0.09			
Al_2O_3	28.80	22.81	13.34	24.0	23.96	21.76
SiO_2	49.52	50.18	59.93	50.94	60.39	42.2
F	5.18	1.20	5.65	6.27	1.40	
H_2O	1.72		1.58		0.3	

表 2-4 富含铷的天然卤水 (%)

产 地	Rb	Li
俄罗斯东西伯利亚盐湖	21.2×10^{-4}	217×10^{-4}
俄罗斯中亚盐湖	$(0.3\sim20)\times10^{-4}$	$(29.8\sim180)\times10^{-4}$
俄罗斯乌拉尔盐湖	12×10^{-4}	66.5×10^{-4}
阿塞拜疆油田水	$(0.25\sim0.31)\times10^{-4}$	$(5.5\sim7.6)\times10^{-4}$
厄尔布鲁土地热水	1.5×10^{-4}	18.5×10^{-4}
卡兹别克地热水	3.1×10^{-4}	13.0×10^{-4}
死 海	60×10^{-4}	18.0×10^{-4}

续表 2-4

产　地	Rb	Li
美国希尔斯盐湖	1×10^{-4}	80×10^{-4}
美国哥伦比亚油田水	14×10^{-4}	481×10^{-4}
美国伍德油田水	25×10^{-4}	692×10^{-4}
美国索尔顿盐湖	$(137 \sim 169) \times 10^{-4}$	$(215 \sim 300) \times 10^{-4}$
日本有马温泉水	3.5×10^{-4}	55.8×10^{-4}
新西兰怀拉基地热水	$(0.5 \sim 3.3) \times 10^{-4}$	13.2×10^{-4}
新西兰多林纳温泉水	1.1×10^{-4}	$(5.8 \sim 11.6) \times 10^{-4}$
中国自贡邓关黑卤	10×10^{-4}	74×10^{-4}
中国威远气田水	5.2×10^{-4}	105×10^{-4}
中国青海察尔汗晶间卤水	14×10^{-4}	10×10^{-4}

第二节　铷的蕴含量

国外铷矿总储量以 Rb_2O 计约为 1077 万吨。其中，铷云母中含铷 17 万吨，盐湖卤水 1000 万吨，光卤石 60 万吨。铷资源主要集中在加拿大、阿富汗、秘鲁、赞比亚。另外，还有少部分资源存在于卤水之中，如智利北部、中国、法国、德国和美国等，大部分都没有工业化开发利用。

加拿大伟晶岩矿床中含铷量最高。其中，曼尼托巴省的伯尔尼克湖（Bernic）的锂-铍伟晶岩矿床中的锂云母和铯榴石丰富，锂云母中铷的储量达到1100t，铯榴石中达到860t。非洲莫桑比克、纳米比亚和津巴布韦的大量锂云母和铯榴石中含有丰富的铷，津巴布韦比基塔地区的锂云母含铷3.73%。俄罗斯科拉半岛的锂云母含铷量达到1.22%。美国新英格兰地区伟晶岩矿含铷量大，但比较分散。美国加利福尼亚州的锂云母含铷达到1.97%。国外铷储量见表2-5。

表2-5 国外铷储量 (kt)

矿床类型及地区		Rb_2O		
		锂云母中	铯榴石中	总 计
伟晶岩		167	3	170
1	加拿大	10	2	12
2	美 国	2		2
3	巴 西	1		1
4	阿根廷及玻利维亚	0.3		0.3
5	津巴布韦	100	0.7	100.7
6	纳米比亚	50	0.3	50.3
7	乌干达、莫桑比克	0.6		0.6
8	扎伊尔	0.3		0.3
9	印 度	0.7		0.7
10	澳大利亚	1		1
11	法 国			
12	瑞 士			
13	葡萄牙	1		1

续表 2-5

矿床类型及地区	Rb_2O		
	锂云母中	铯榴石中	总　计
盐湖卤水（死海、大盐湖等）			10000
光卤石（德国）			600
总　计			10770

中国有丰富的铷资源，其储量名列世界前茅，且类型齐全，分布广泛。中国铷资源主要赋存于锂云母和盐湖卤水中，锂云母中铷含量占全国铷资源储量的55%，以江西宜春储量最为丰富，是目前中国铷矿产品的主要来源。其中，江西宜春钽铌矿的锂云母含 Rb_2O 1.72%，是中国最大的铷资源基地。湖南、四川的锂云母矿中也含有铷。青海、西藏的盐湖卤水中含有极为丰富的铷，是中国未来有待于开发的铷资源。

第四章　选矿技术

锂云母为淡红色页状，具有珍珠状光泽或呈鳞片块状及可剥的板状等，硬度为2.5～4，密度为2.8～2.9g/cm^3，颜色有紫红、淡红、淡黄、淡灰白及白色等，条痕为白色，微透明，性柔，多产于伟晶花岗岩、云英岩及正长岩内。

从锂云母—石灰法的提锂母液中提取铷化合物的方法是：先向富含钾铷铯的混合碳酸盐溶液中通入二氧化碳，使钾生成碳酸氢钾（KHCO）沉淀。加盐酸和稍稍过剩的四氯化锡盐酸溶液，使铯生成氯锡酸铯（CsSnCl）沉淀。再加入过量四氯化锡，生成氯锡酸铷（RbSnCl）沉淀。也可用 BA［hjm］BP（一种取代苯酚）萃取剂从碱金属碳酸盐溶液或氯化物溶液中萃取铷。

第一节 铯榴石的选矿

铯榴石为无色等轴系立方晶型，也有呈致密块状或晶状产出者，硬度为6.5，密度为2.6g/cm^3，有光亮的玻璃状或暗淡状光泽，条痕白色，透明，性脆，断口呈贝壳状。常与叶长石、鳞云母、磷铝石、石英产于花岗岩及伟晶岩的微晶空穴内。

铯榴石主要采用手选，也进行过浮选试验，可获得大于20% Cs_2O 的铯榴石精矿。铯榴石为铝硅酸盐矿，无磁性，主要脉石是长石、石英等。因此，用重选、摇床、电选等方法分选效果差，采用阳离子捕收剂进行反浮选富集效果显著。

第二节 卤水的选矿

中国自贡从卤水回收铷采用磷钼酸铵沉淀法。卤水经熬盐、析钾后，母液含铷约2.8～3.5g/L。通入氯气使有机物或其他还原性物质氧化，再加入过量50%的磷钼酸铵粉末，常温下反应沉淀用 0.01mol/L 的硝酸铵和 0.3mol/L 的硝酸混合溶液洗去吸附在沉淀物中的钾；再以 9mol/L 的硝酸铵从磷钼酸铷中将铷置换出来，进入溶液；而磷钼酸铵则返回利用。将富集铷的溶液蒸干，于 300～350℃焙烧，得到纯度大于 80% 的硝酸铷，它是进一步制取铷盐的原料。

第五章　铷产品生产技术概况

第一节　从锂云母中提取铷

锂云母是提取锂、铷、铯的重要工业原料。锂云母提锂后得到的混合碳酸碱的组成为 70% K_2CO_3、23% Rb_2CO_3、2% Cs_2CO_3、1% Li_2CO_3、3% Na_2CO_3，其他成分占 1%。从混合碱中提取铷的方法有氯锡酸盐法、铁氰化物法和萃取法等。

一、氯锡酸盐法

向混合碱溶液通入二氧化碳，便有 70% 的钾生成碳酸氢钾沉淀，母液用盐酸转化为氯化物溶液。加入能使铯生成 Cs_2SnCl_6 沉淀并稍微过量的氯化锡，因其溶解度略低于相应的铷盐溶解度，而使 Cs_2SnCl_6 优先沉淀。

沉淀铯后的溶液再加入过量氯化锡，使铷成 Rb_2SnCl_6 沉淀，对混入其中的杂质可用重结晶法提纯，或再溶解于盐酸。并加入铁鳞使锡还原成二价。用氯气氧化氯化亚锡，使

铷再次沉淀出纯的 Rb_2SnCl_6。将 Rb_2SnCl_6 加热分解，挥发除去氯化锡，即得纯氯化铷。也可用电解法分解 Rb_2SnCl_6，或先以铁还原，再加入过氯酸钠使铷生成过氯酸铷，加热即得氯化铷。

二、铁氰化物法

混合碱溶液直接加入 $Na_4Fe(CN)_6$ 及 $ZnCl_2$，控制试剂用量，使铯首先生成 $Cs_2ZnFe(CN)_6$ 沉淀。将干燥的 $Cs_2ZnFe(CN)_6$ 在空气中加热，生成碳酸铯溶及不溶的铁、锌混合物，以水浸出碳酸铷后与不溶物分离。铷的提纯可用再次沉淀亚铁氰化物的方法进行，经过两次沉淀后可获得纯度高于95%的碳酸铷。

三、萃取法

用BAMBP-磺化煤油从混合碱中萃取分离铷，对综合利用锂云母较为合理，可用不同的反萃取剂制取相应的铷化合物。此法流程短，金属回收率高、成本低，便于工业生产。从原料液到产品其实收率在94%以上，氯化铷纯度高于99.6%。

第二节 盐卤提取法

制盐卤水或气田水含有铷、铯，可采用无机离子交换剂杂多酸盐磷钼酸铵选择性交换吸附铷和铯。实际上，因铷、铯离子的体积较大，铵离子只有60%～80%被交换。此法能耗低，分离效率高，工艺简单，但实收率较低。工艺流程示于图2-1。

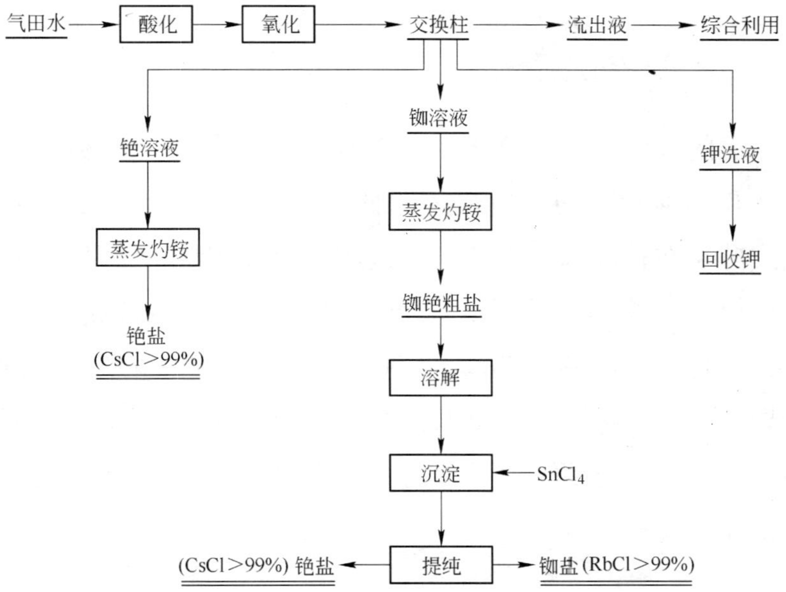

图2-1 盐卤提取铷、铯工艺流程图

第三节 金属的制取

金属铷是最活泼的碱金属，可在空气中燃烧，并遇水爆炸。因此，提取铷必须始终在矿物油和惰性气体保护下，或在真空中进行操作。

一、电解法

金属铷可先从汞阴极的熔体中电解得到汞合金，从汞合金中回收。电解法制取碱金属最适当的电解质是卤化物体系。由于金属沸点低，卤化物盐类熔点高，以及铷在熔融卤化物中加入第二种组分以降低电解质的熔点。

二、真空热还原法

铷的氧化物、氢氧化物、碳酸盐、卤化物、硫酸盐、铬酸盐和硝酸盐，均可用强还原性金属锂。钠、镁、钙、锆、铝或硅等在较高温度下还原，减压下用蒸馏法将铷从反应带中移出。最好的办法是无水氯化铷与过量的钙粒或钙粉混合，在真空中加热到700 ~800℃，铷被还原。在真空锂的引导下，金属蒸气至冷凝部位冷凝，并流入收集器中，回收率大于90%。还原所得金属于300℃时，在真空中蒸馏，可获得高纯金属。

第四节 合金的制取

铷能与其他元素形成合金。由于其性质特别活泼，含有铷的合金一般耐大气侵蚀的能力差，不能用作结构材料，但在光电、热电转换、原子频率等近代技术部门均有应用。一般说来，铷和其他元素作用，均会形成金属间化合物，从而变得更硬、更脆和具有更高的熔点及低的化学活性。

制备方法有坩埚法和玻璃瓶法。

坩埚法可选用一端不开口的铁坩埚，上端有内径紧密配合的塞盖。在惰性气体保护下，用称量法将金属装入坩埚后，将塞盖盖紧并焊接密封。高温熔炼后冷却，在氩气保护下锯掉坩埚底或盖，取出合金，再在真空中蒸馏除去多余的铷即可制得所需的金属间化合物。

玻璃瓶法是首先在气体保护下称好合金的一种组分装入玻璃瓶中，再将玻璃瓶连接于真空系统，并在真空中将稍多于计算量的铷定量地蒸入玻璃瓶中，与第一组分混合，将玻璃瓶烧封、摇匀，再置于可转动的电阻炉中于200℃时反应24h。反应完毕后，在氩气保护下将玻璃瓶割开，取出金属粉末，再于真空中蒸馏除去多余的铷，即可制得铷金属合金粉末。

第六章　市场概况

铷只是作为铯和锂的副产品，其产量很小。近5年全球铷产品（包括铷盐和铷金属）世界产量小于10t，国内产量约3t。目前，国内产品主要用于石油催化行业，大部分用于出口。美国则多用于高端产品，例如磁流发电行业。

碳酸铷的市场价格约2500元/kg，高端产品价格更高一些，例如某些高纯碳酸铷价格达到5000～6000元/kg。

第七章　世界主要铷生产企业

国外铷主要产地是纳米比亚、津巴布韦、加拿大、德国等，但均尚未进行大规模工业开采利用。自20世纪50年代以来，铷、铯产品的生产随着科学技术的进步出现了新的生机。90 年代初期，美国、英国、法国、德国、日本和俄罗斯等国有 10 多家生产铷、铯产品的企业。其中，主要企业有加拿大的 Cabot 公司、德国 Chemetall 公司等。

美国的铷矿资源并没有被开采，美国的铷盐和铷金属大部分从加拿大 Cabot 公司进口，还有一部分从欧洲和亚洲进口。美国官方并没有发布本国的铷产量、进出口量和消费量等数据。据了解，美国年产铷盐 1.5t，主要产品是氯化铷和硝酸铷。

加拿大 Cabot 公司是全球最大的铯盐生产商，同时也生产伴生产品铷盐。该公司生产铷盐所用原料均来自公司位于加拿大马尼托巴湖的伯尔尼克湖矿区，同时矿区的矿石也供应多个国家。

德国 Chemetall 公司的铷盐也同样是作为铯盐的伴生产品生产，从加拿大和津巴布韦进口铯榴石提取铷、铯；近几年，还从中国江西进口锂云母提锂后母液，作为铷、铯化合物的生产原料。

日本主要从津巴布韦进口铯榴石，采用硫酸法生产铷、铯化合物，每年生产铷化合物约 1t。

津巴布韦、纳米比亚等地是锂云母、铯榴石的供矿国，两国国内并没有铷盐和铷金属的生产厂家。

第三篇

铯

第一章　发现史

1860 年，德国化学家本森（R. W. Bunsen）和基尔霍夫（G. R. Kirchhoff）在研究矿泉水的光谱时发现铯，这是第一个用光谱法发现的元素，根据其光谱线的颜色按拉丁文 Caesius（天蓝色）取名为 Cesium（铯）。塞特伯格（C. Setterberg）于 1881 年电解氰化铯-氰化钡混合熔盐时，首次制得金属铯。铯在制得以后的 60 余年中未获工业应用。1926 年开始用铯制造光电管，但用量极小。第一次世界大战前，只有德国生产少量铯，产量仅几千克。20 世纪 30 年代，美国开始生产铯。第二次世界大战期间，铯作为光敏材料，用量增加，但由于铯价格昂贵而稀少，应用受到限制。

1957 年，美国研究成功从锂云母提锂后的母液——混合碳酸碱液（含 Cs_2O 2% 和 Rb_2O 23%）中回收铯、铷的方法，导致铯产量骤增。铯作为锂生产的副产品，成本低，价格也随之显著下降，从而大大推动了铯的应用和对铯性质的研究。20 世纪 60 年代以来，铯在原子钟、光学仪器、激光、有机合成等方面获得应用，同时还开发了多种提铯方法，使铯的提取冶金技术达到相当水平，产品质量不断提高，价格进一步下降。中国于1956年开始铯的冶炼研究，20世纪60年代初开始生产铯，相继开发了新疆、江西、四川等自治区和省的铯资源，现已能生产多种铯产品。

第二章　性质和用途

化学元素铯的化学符号是Cs，原子序数是55，相对原子质量为132.90543，铯金属是一种软而轻、熔点很低的金属，纯净的金属铯呈金黄色；熔点为28.4℃，沸点为669.3℃。

在碱金属中，铯是最活泼的，能和氧发生剧烈反应，生成多种氧化物的混合物。在潮湿空气中，氧化的热量足以使铯熔化并点燃。铯不与氮反应，但在高温下能与氢反应，生成相当稳定的氢化物。铯和水，甚至和温度低到－116℃的冰均可发生猛烈反应产生氢气、氢氧化物，生成的氢氧化铯是氢氧化碱中碱性最强的。与卤素也可生成稳定的卤化物，这是由于它的离子半径大所带来的特点。铯和有机物也会发生同其他碱金属相类似的反应，但它比较活泼。氯化铯是它的主要化合物。

铯是最软的金属，它甚至比石蜡还软。铯具有活泼的个性，一旦与空气接触，马上就变成了灰蓝色，甚至不到一分钟就自动地燃烧起来，发出玫瑰般的紫红色或蓝色的光辉。

如果把它投到水里，会立即发生强烈的化学反应，着火燃烧，有时还会引起爆炸。即使把它放在冰上，也会燃烧起来。平时人们就把它“关”在煤油里，以免与空气和水接触。由于铯的熔点很低，很容易就能变成液体，除了水银之外，它就是熔点最低的金属了。把铯放到手心里，它就会像冰块掉进热锅里那样很快地化成液体，在手心里滚来滚去。自然界中铯盐存在于矿物中，也有少量氯化铯存在于光卤石。铯的基本性能见表3-1。

表3-1　铯的基本性能

元素符号	Cs
原子序数	55
相对原子质量	132.90543
熔点/℃	28.4
沸点/℃	669.3
密度(固,20℃)/$g \cdot cm^{-3}$	1.90
密度(液,熔点)/$g \cdot cm^{-3}$	1.84
临界温度/K	2050

由于铯具有独特的性质，使其在许多领域中有着重要的用途，不但有许多传统的应用领域，而且还出现了一些新的应用领域。特别是在一些高科技领域中，铯显示出了越来越重要的作用。近十年来，铯在电子器件、催化剂、特种玻璃、生物化学及医药等传统应用领域中，都有较大的发展；而在磁流体发电、热离子转化发电、离子推进发动机、激光能转换电能装置、铯离子云通信等新应用领域中，铷铯也显

示了强劲的生命力。

第一节 金属铯

一、光电管

用铯作阴极的光电管具有光波范围广、灵敏度高及稳定性好的优点，广泛用于设备自控装置中。

二、光电倍增管

用锑-铯、铋-银-铯半透明阴极制成的光电倍增管具有更高的灵敏度，在光谱分析、记录紫外线发射、激光技术等方面均有应用。

三、频率和时间标准

铯辐射能具有较长时间的稳定性，在电子学及光谱学用作微波频率标准，精准达 1×10^{-13}。利用铯较强的化学活泼性，在生产真空管和低压真空电子器件中，可吸收痕量气体。

第二节 碘化铯

一、闪烁探测器

利用碘化铯的发光性能，用碘化铯单晶作高能光源的磷光质，在空气中不潮解，易加工，分辨性能好。

二、发光材料

利用铯的发光性能，在以硫化锌为基底的荧光屏中加入碘化铯，可增加亮度。

三、红外技术

碘化铯单晶能透过红外线的透明窗、透镜、棱镜，在红外光谱及红外分光光度计中用作红外线过滤器。

四、光学玻璃

在制造光学玻璃配料中加入碘化铯，可获得一定的光导率及光折射的玻璃。

五、医疗器械

碘化铯用作制造 X 射线增强管辅助材料，可简化制造工艺，提高光亮度及分辨率，具有阻止 X 射线能力，减少 X 射线剂量，改善操作条件等特点。

第三节　碳 酸 铯

一、制造各种铯化合物

以碳酸铯为原料可制得铯卤化物、硫酸盐、硝酸盐及铬酸盐等。

二、玻璃陶瓷

生产特殊光学玻璃，这种玻璃密度大、折光率高、膨胀系数大，适用于玻璃金属焊接及光学器件用玻璃。

第四节 氯化铯

一、医学

氯化铯药膏在临床上有镇痛消肿、活络化瘀、止咳平喘等作用，有较好的疗效。

二、制取金属铯

氯化铯是真空热还原法制取金属铯的原料。

第五节 硝酸铯

在有机合成中，硝酸铯是甲基丙烯树脂合成用的催化剂，可用作生产光导纤维的添加剂及啤酒酿造剂等。

第三章 资源概况

第一节 铯矿物组成

铯在地壳中的丰度居第 40 位，平均含量为 7g/t，与常见的铜、锌、锡等元素大致相同，比常见元素镉、砷、汞、锑及铌的含量高。在海洋中居23位，含量0.002g/t，见表3-2。

表3-2 铯在地球中的含量分布

存在形式	铯存在浓度/$mg \cdot kg^{-1}$
海水	0.02
盐湖卤水	<1
地热水	<50
海洋植物	0.07
陆地植物	0.2
人全血	0.0038
土壤	4
火成岩	10
沉积岩	10

铯榴石是铯的重要工业资源，主要产于美国的缅因州、加拿大的伯尔尼克湖、津巴布韦的比基塔地区和纳米比亚的卡里比布。此外，也有少量产于瑞典、莫桑比克及东哈萨克斯坦。一般铯榴石含铯量甚高，含锂、铷较低，有的甚至含铷很少。如美国缅因州的铯榴石含Cs_2O 36%、Li_2O 0.04%，俄罗斯科拉半岛的铯榴石含Cs_2O 27.1%，意大利厄尔巴岛的铯榴石含Cs_2O 34%（Li_2O痕量）。

锂云母也是提取铯的主要资源之一。一些锂云母矿含铯较高，如美国加利福尼亚的锂云母矿含Cs_2O 0.30%，俄罗斯科拉半岛的锂云母含Cs_2O 0.24%，见表3-3。津巴布韦比基塔地区的锂云母储量大，但 Cs_2O 含量仅 0.08%。

表 3-3 铯榴石典型组成 （%）

组成	产地					
	美国缅因州	俄罗斯科拉半岛	津巴布韦比基塔	加拿大伯尔尼克湖	中国新疆	意大利厄尔巴岛
Li_2O	0.04	0.25	0.30	0.31	0.47	痕量
Na_2O	1.81	2.56	1.8	2.89	2.00	3.88
K_2O	0.62		1.3	1.00	2.0	痕量
Rb_2O		0.35	0.84	1.36		
Cs_2O	36.08	27.10	22.4	28.63	29 ~ 30	34.07
CaO	0.22	0.50			0.093	0.68
Fe_2O_3					0.38	
Al_2O_3	16.36	19.60		17.0	15.55	15.97
SiO_2	43.51	48.00		46.0	45.32	44.03
H_2O	1.53	1.83		2.50		2.40

铯在盐湖、地下卤水、气田水、温泉及地热水中的含量也很高。如美国索尔顿的湖水含 Cs_2O $(16 \sim 21) \times 10^{-4}\%$，伍德湖油田水含 Cs_2O $25 \times 10^{-4}\%$。已知富含铯的天然卤水见表 3-4。

表 3-4 富含铯的天然卤水 （%）

产地	Cs	Li
俄罗斯东西伯利亚盐湖		217×10^{-4}
俄罗斯中亚盐湖		$(29.8 \sim 180) \times 10^{-4}$

续表 3-4

产　地	Cs	Li
俄罗斯乌拉尔盐湖		66.5×10^{-4}
阿塞拜疆油田水	$(0.35\sim0.61)\times10^{-4}$	$(5.5\sim7.6)\times10^{-4}$
厄尔布鲁士地热水	0.64×10^{-4}	18.5×10^{-4}
卡兹别克地热水	2.6×10^{-4}	13.0×10^{-4}
死　海		18.0×10^{-4}
美国希尔斯盐湖		80×10^{-4}
美国哥伦比亚油田水	6×10^{-4}	481×10^{-4}
美国伍德油田水	25×10^{-4}	692×10^{-4}
美国索尔顿盐湖	$(16\sim20)\times10^{-4}$	$(215\sim300)\times10^{-4}$
日本有马温泉水	2.5×10^{-4}	55.8×10^{-4}
新西兰怀拉基地热水	$(0.7\sim2.9)\times10^{-4}$	13.2×10^{-4}
新西兰多林纳温泉水	2.7×10^{-4}	$(5.8\sim11.6)\times10^{-4}$
中国自贡邓关黑卤		74×10^{-4}
中国威远气田水	11.0×10^{-4}	105×10^{-4}
中国青海察尔汗晶间卤水		10×10^{-4}

第二节　铯的蕴含量

世界已查明的铯总储量为 18 万吨。其中，加拿大 8 万吨、津巴布韦6万吨、纳米比亚3万吨，见表3-5。

表3-5 国外铯储量 (kt)

矿床类型及地区		Cs_2O		
		锂云母中	铯榴石中	总 计
伟晶岩		50	130	180
1	加拿大	3	77	80
2	美 国	0.6	1.4	2
3	巴 西	0.3	1.7	2
4	阿根廷及玻利维亚	0.1	0.4	0.5
5	津巴布韦	30	30	60
6	纳米比亚	15	15	30
7	乌干达、莫桑比克	0.2	0.3	0.5
8	扎伊尔	0.1	0.7	0.8
9	印 度	0.2	0.3	0.5
10	澳大利亚	0.3	1.7	2
11	法 国		0.2	0.2
12	瑞 士		0.5	0.5
13	葡萄牙	0.2	0.8	1
盐湖卤水（死海、大盐湖等）				
光卤石（德国）				
总 计				180

中国铯资源丰富，主要分布在江西的宜春、新疆的可可托海、四川的康定、湖南的香花岭和青海。江西的锂云母含 Cs_2O 0.3%，也是中国最大的铯资源基地。中国盐湖卤水

多，铯资源丰富，青藏高原卤水平均含 Cs_2O 0.03g/L，新疆的铯榴石含量在 Cs_2O 29%～30%，四川的自贡卤水中的铯已得到开发利用。

第四章 采选技术

第一节 铯的选矿

一、铯榴石的选矿

铯榴石为无色等轴系立方晶型，也有呈致密块状或晶状产出者，硬度为6.5，密度为2.6g/cm^3，有光亮的玻璃状或暗淡状光泽，条痕为白色，透明，性脆，断口呈贝壳状。常与叶长石、鳞云母、磷铝石、石英产于花岗岩及伟晶岩的微晶空穴内。

铯榴石主要采用手选，也进行过浮选试验，可获得大于20% Cs_2O 的铯榴石精矿。铯榴石为铝硅酸盐矿，无磁性，主要脉石是长石、石英等。因此，用重选、摇床、电选等方法分选效果差，采用阳离子捕收剂进行反浮选富集效果显著。

二、锂云母的选矿

锂云母为淡红色页状，具有珍珠状光泽或呈鳞片块状及可剥的板状等，硬度为2.5～4，密度为2.8～2.9g/

cm^3，颜色有紫红、淡红、淡黄、淡灰白及白色等，条痕为白色，微透明，性柔，多产于伟晶花岗岩、云英岩及正长岩内。

锂云母选矿一般采用浮选法。在 pH 值为 11～11.5 介质中，以混合胺作捕收剂回收效果很好。

第二节 铯的冶炼

一、矿石冶炼

（一）铯榴石的盐酸法处理

铯榴石通常含 25%～30% 的 Cs_2O，含其他碱金属的铝硅酸盐约 4%，是提取铯的主要原料。盐酸法对分解铯榴石较为有效，铯的提取率可达 99%。浸出液用三氯化锑选择沉淀铯。其流程如图 3-1 所示。

铯榴石和盐酸在 100℃时用水浸 4h，过滤后得到氯化铯溶液，向溶液中加入理论量 175% 的三氯化锑生成 $3CsCl \cdot 2SbCl_3$ 复盐沉淀。为使碱金属进一步分离，可用热盐酸将复盐溶解，冷却再结晶。

25℃时盐酸浓度对氯化铯锑复盐溶解度影响如下：

$HCl/mol \cdot L^{-1}$	2.086	4.027	6.875	9.957	12.92	16.20
100mL 溶液复盐溶解度/g	1.778	1.304	1.217	1.218	1.258	1.333

复盐沉淀的分析结果为：<0.01% Na、<0.01% NaK、0.03% Rb、41.5% Cs、21.6% Sb。

将复盐转入沸水中，水解生成 SbOCl 沉淀，氯化铯转入

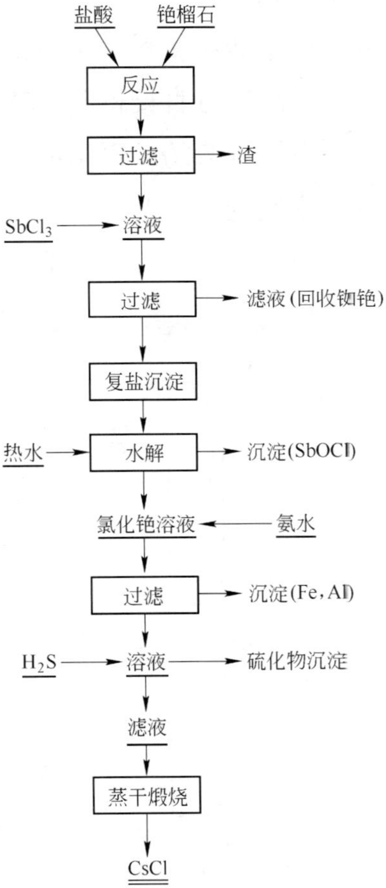

图 3-1　盐酸法提取氯化铯流程图

溶液。过滤可得到氯化铯溶液，加氨水除铁、铝等杂质。溶液用盐酸酸化，并加入三氯化锑再形成复盐沉淀以除去大量的铵盐，因铵盐妨碍下一步操作。水解后向氯化铯溶液通入硫化氢，使杂质成硫化物沉淀后得到纯氯化铯溶液，经蒸干、煅烧可制得产品氯化铯。

（二）铯榴石的硫酸法处理

硫酸法是大量生产铯盐比较科学可行的方法。铯榴石中含大量氧化铝，用硫酸浸出可直接得到铯矾，再用重结晶法提纯。铯矾是碱金属中最难溶的，再结晶可除去其中的碱金属杂质。分解矿石的流程见图 3-2。

经细磨的矿石与硫酸混合，在反应器中加热到 120℃浸

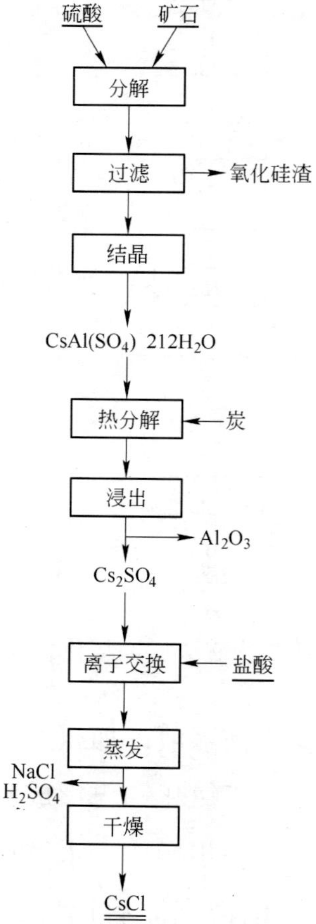

图 3-2　硫酸法分解铯榴石流程图

出2h，热过滤的滤液冷却后生成铯矾沉淀，93%的铯进入矾中。母液冷却到0℃，得到含铷、铯混合物的结晶产物，再用选择沉淀法分离铷和铯。铯矾重结晶两次（冷却至40℃），可得到含25% Cs和小于0.01% Rb的铯矾。从铯矾提取铯盐的方法有：

（1）热分解法。铯矾用两级干燥脱水，即先使一部分铯矾在接近水合物熔点（115℃）脱水，然后与另一部分铯矾混合，在250℃是完全脱水。脱水后的铯矾在900 ~950℃焙烧分解硫酸铝。为避免生成熔融块状的焦硫酸铯，需加入按装料量计算的炭，可得到粉末状产品。

分解后的铯矾用水浸出的硫酸铯溶液，进出率约99%。溶液通过Dowex-50阳离子交换树脂，铯被吸附，用10% HCl淋洗，硫酸盐转化为氯化物。由矾到氯化铯溶液的回收率为98%。

将氯化铯溶液蒸干后再溶于水至饱和，用过氧化氢和氨处理，调pH值至7，以除去微量金属杂质。再蒸干可得纯氯化铯。

（2）中和法。将氢氧化铵加入铯矾溶液中，此时氢氧化铝呈絮状沉淀析出，因不易过滤洗涤，而使可溶性铯损失约5%。溶液中的硫酸铯及硫酸铵通过离子交换转化为氯化物，蒸干，并在400℃时挥发除去氯化铵即得到氯化铯。

也可以加入氢氧化钡或石灰使氧化铝沉淀，加入石灰可使氧化铝成容易过滤的沉淀物析出，也可以同时加入氯化钡或二氧化铝使硫酸铯转化为氯化铯，但试剂较贵。

（三）从锂云母中提取铯

锂云母是提取锂、铷、铯的重要工业原料。锂云母提锂后得到的混合碳酸碱的组成为70% K_2CO_3、23% Rb_2CO_3、2% Cs_2CO_3、1% Li_2CO_3、3% Na_2CO_3，其他占1%。从混合碱中提取铯的方法有氯锡酸盐法、铁氰化物法和萃取法等。

（1）氯锡酸盐法。向混合碱溶液通入二氧化碳，便有70%的钾生成碳酸氢钾沉淀，母液用盐酸转化为氯化物溶液。加入能使铯生成 Cs_2SnCl_6 沉淀并稍微过量的氯化锡，因其溶解度略低于相应的铷盐溶解度，而使 Cs_2SnCl_6 优先沉淀。

将 Rb_2SnCl_6 加热分解，挥发除去氯化锡，即得氯化铯。

（2）铁氰化物法。混合碱溶液直接加入 $Na_4Fe(CN)_6$ 及 $ZnCl_2$，控制试剂用量，使铯首先生成 $Cs_2ZnFe(CN)_6$ 沉淀。将干燥的 $Cs_2ZnFe(CN)_6$ 在空气中加热，生成碳酸铯溶及不溶的铁、锌混合物，以水浸出碳酸铯后与不溶物分离。

（3）萃取法。用BAMBP-磺化煤油从混合碱中萃取分离铷和铯，对综合利用锂云母较为合理，可用不同的反萃取剂制取相应的铷、铯化合物。此法流程短，金属回收率高，成本低，便于工业生产。从原料液到产品其实收率在94%以上，氯化铯纯度均高于99.6%。二次萃取氯化铯纯度达99.99%。

二、盐卤提取法

制盐卤水或气田水含有铷、铯，可采用无机离子交换剂杂多酸盐磷钼酸铵选择性交换吸附铯。实际上，因铯离子的体积较大，铵离子只有60%～80%被交换。此法能耗低，分离效率高，工艺简单，但实收率较低。工艺流程如图3-3所示。

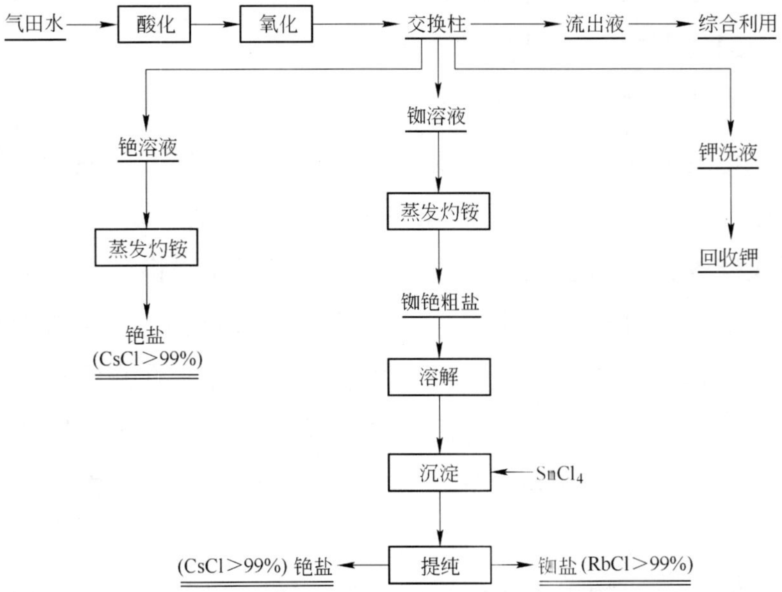

图3-3　盐卤提取铯工艺流程图

三、金属的制取

金属铯是最活泼的碱金属，可在空气中燃烧，并遇水爆炸，因此，提取铯必须始终在矿物油和惰性气体保护下，或在真空中进行操作。

（一）电解法

金属铯可先从汞阴极的熔体中电解得到汞合金，再从汞合金中回收。电解法制取碱金属最适当的电解质是卤化物体系。由于金属沸点低，卤化物盐类熔点高，以及铯在熔融卤化物中加入第二种组分以降低电解质的熔点。用铝作阴极在670～700℃时电解熔融氯化铯而生成铝铯合金。在阴极电流密度为2A/cm^3、温度为670℃时，电流效率为59%。铝铯合金通过蒸馏可获得金属铯。

（二）真空热还原法

铯的氧化物、氢氧化物、碳酸盐、卤化物、硫酸盐、铬酸盐和硝酸盐，均可用强还原性金属锂。钠、镁、钙、锆、铝或硅等在较高温度下还原，减压下用蒸馏法将铯从反应带中移出。最好的办法是无水氯化铯与过量的钙粒或钙粉混合，在真空中加热到700～800℃，铯被还原。在真空锂的引导下，金属蒸气至冷凝部位冷凝，并流入收集器中，回收率大于90%。还原所得金属于300℃时，在真空中蒸馏，可获得高纯金属。

铯的卤化物用锂还原是很好的系统，如用锂还原氯化铯可获得回收率大于90%的高纯铯。铯的铬酸盐用锆还原比较稳定，可获得高质量金属。但还原速度快，要求有良好的装置并严格控制反应条件。铯的铬酸盐用硅还原法也已广泛用于生产光电管面板材料。

（三）合金的制取

铯能与其他元素形成合金。由于其性质特别活泼，含有铯的合金一般耐大气侵蚀的能力差，不能用作结构材料，但在光电、热电转换、原子频率等近代技术部门均有应用。一般来说，铯和其他元素作用，一般均会形成金属间化合物，从而变得更硬、更脆和具有更高的熔点及低的化学活性。

制备方法可用坩埚法或玻璃瓶法。

坩埚法可选用一端不开口的铁坩埚，上端有内径紧密配合的塞盖。在惰性气体保护下用称量法将金属装入坩埚后，将塞盖盖紧并焊接密封。高温熔炼后冷却，在氩气保护下锯掉坩埚底或盖，取出合金，再在真空中蒸馏除去多余的铯即可制得所需的金属间化合物。

玻璃瓶法是首先在气体保护下称好合金的一种组分装入玻璃瓶中，再将玻璃瓶连接于真空系统，并在真空中将稍多于计算量的铯定量地蒸入玻璃瓶中，与第一组分混合，将玻璃瓶烧封、摇匀，再置于可转动的电阻炉中于200℃时反应24h。反应完毕后在氩气保护下将玻璃瓶割开，取出金属粉末，再于真空中蒸馏除去多余的铯。即可制得铯金属合金粉末。

第五章　铯产品生产技术概况

铯产业的原料来源主要是铯榴石，通过选矿过程，铯以氧化物或盐的形式被提取出。以铯的氧化物或盐类为原料，进一步生产各种铯盐，包括氯化铯、碳酸铯、硫酸铯、硝酸铯、氟化铯、碘化铯、溴化铯等。

以铯盐为原料，通过冶金过程进一步生产铯金属。铯产业链如图3-4所示。

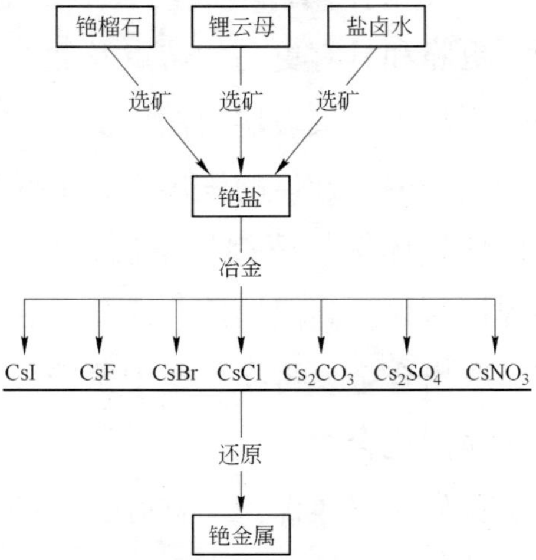

图 3-4 铯产业链图

第六章 市 场 概 况

第一节 铯的消费量

全球铯生产商基本上都是按照订单生产的，因此几乎没有库存，产量即需求量。全球铯最大年需求量约为 200 ~ 250t，而大部分时间需求量维持在 50t 左右。日本和美国是全球铯消费的主要国家。中国对铯化合物消费量很少，铯化合物年消费量在 5t 左右。

一、铯消费的主要国家

（一）美国

美国对铯的年消费量比较大，大多数时间年消费量为

25t 左右。美国铯的应用主要集中在高科技领域。美国铯用量的 70% 用于开发高新技术，其余部分用于电子器件、特种玻璃、催化剂等传统领域。美国一直在努力开发高效的能源转换装置，开发研究铯在磁流体发电、热离子发电、离子推进技术、激光发电及离子云通信等领域的应用。

磁流体发电研究最多的是开环磁流体发电装置，燃气中的铯盐在高温下电离放出电子，通过强磁场产生直流电，燃气再进入蒸汽发电系统二次发电。这种发电装置的热效率高达 70%，是传统火力发电的两倍。铷铯在这种发电装置中的用量很大，一座 600MW 的磁流体发电装置，每年需用 Cs_2CO_3 达 3175t。美国已在蒙大拿州建成了一座 50MW 的磁流体发电装置。

热离子发电是利用铯等离子的热离子活性，把热能直接转换成电能。目前，主要把这种发电装置与反应堆配合使用，美国建造的这种反应堆内热离子发电装置，其功率可达 20～100kW。铷铯离子推进发动装置的研究主要集中在宇宙飞船、地球卫星及星际航行的应用方面，这种推进发动装置比冲大、速度快、质量轻。卫星上使用这种推进发动装置可减轻质量 10%～15%，铷铯离子产生的推动力比任何燃料至少要大 140 倍左右。一个推力为 4.54g 的铯离子推进发动装置，工作一年需用 24kg 铯。美国研制的铯离子推进发动机主要用于卫星和宇宙飞船上。

激光能转换装置是利用铯离子的热效应把激光能直接转换成电能，美国宇航局研究设计了这种能量转换装置，为空间轨道站和空间探测器提供电力。铯离子云通信是一种新的无线电通信技术，利用人工铯离子云进行电磁波的传播和反射，不受距离、无线电频率、天气变化的限制，适用于军事机密通信和电视。美国曾把1000kg铯发射到80km的高空，扩散成50km的铯原子层，在阳光照射下转化成铯离子，向直径超过1000km的地面反射信号。

（二）日本

日本的铯科研注重传统应用领域，发展较快的是催化剂，特别是有机合成催化剂。铯在催化剂领域的用量已占日本铯总消费量的90%。例如，日本在甲基丙烯树脂的生产中用硝酸铯作催化剂，在环氧乙烷的生产中用硫酸铯作催化剂，在邻苯二甲酸酐的氧化中用氯化铯作催化剂。日本还大力研究铯化合物用作杂多酸生产催化剂和排气净化剂，取得了良好进展。日本铯产品的主要用途见表3-6。

表3-6 日本铯化合物的主要用途

产 品	主 要 用 途
氯化铯	生物、催化剂、电子材料
氟化铯	含氟树脂催化剂、焊接助熔剂
碘化铯	闪烁器、荧光体单晶
硝酸铯	特殊玻璃、催化剂、啤酒酿造剂
硫酸铯	催化剂
碳酸铯	催化剂、金属铯原料
氢氧化铯	催化剂

世界范围内，铯产品消费量波动很大，主要原因是军工采购的不可持续性和石油行业用铯的不稳定性。

二、铯消费的主要品种和用途

（一）硫酸铯

2007年，美国军方从德国大量采购硫酸铯，使得德国当年的铯产品销售量达到90t，从而带动产量增长。而之后采购量下降，德国当年铯的产量也随之下降，降至40t的水平。

（二）甲酸铯

全球铯盐中能够工业化生产的品种只有甲酸铯，这种产品主要用来作石油完成液，用于深井开采，防止钻头溶解。大概一个深井需要用甲酸铯500t，甲酸铯年需求量最多时可达到1000t。

用含有加重材料、烃类或盐水的常规钻井液和完井液在高温、高压环境中作业时，可能产生影响水马力、井控、油气井完整性和产能的问题，由此开发了甲酸盐盐水，以满足高压/高温井建井的需求。在过去的10年中，甲酸盐盐水已在130口井中成功地作为打开油层钻井液、完井液、修井液和悬浮液使用。

其优点为：对地层的损害较小；在高温下可保持添加剂的性能；不添加重晶石从而避免了重晶石的沉降问题；降低了液流的阻力（当量密度较低、抽吸和机动压力低对马达和钻头的动力传送能力好）；对天然气的溶解度较低（容易发现井涌和实施井控措施，节流速度快)；降低了卡钻的可能性；润滑性能好；降低了钻具的扭矩和摩擦阻力；可抑制地层水化；安全；腐蚀速率低；不产生应力腐蚀裂缝；与人造橡胶相容；可被生物解，对环境的影响小。

1999 年 9 月，甲酸铯钻井液首次在高温/高压井中应用，壳牌公司在井底温度高达 185℃ 的 Shearwater 油田使用了密度为 1.80g/cm³ 的甲酸铯盐水作射孔液。1 个月后，英国道达尔公司在 Dunbar 油田使用密度为 1.90g/cm³ 的甲酸铯盐水作完井液。在随后的 1 年中 7 次应用密度为 2.19g/cm³ 的盐水作完井液和修井液。其中，1 口井的井底温度高达 207℃，在停钻期间甲酸铯暴露在井底约 18 个月。在北海的挪威海域，在井底温度高达 147℃ 的 5 口井中使用甲酸铯完井液获得成功。

（三）碳酸铯

目前，市场上流通的铯盐大多是碳酸铯，因为这种铯盐易于保存，并且易转型生产其他铯盐。碳酸铯通常作为其他铯盐生产的原料，属于中间产品。

（四）催化剂和医药行业

铯盐还被用于有色金属冶炼（催化剂）、制药和科学研究。有色金属冶炼中的催化剂用量很少，虽然它除尘性能非常好，但因为价格昂贵，用量较少。在制药方面，国际市场发展迅速，但由于新药研发周期比较长，需求量增长缓慢。在科学研究方面的需求就更少一些，一些工厂用铯进行研究成功后，实际生产中就会用钾代替，仍然是价格昂贵限制了铯的应用。

第二节　铯的价格

因为铯的生产规模较小，铯金属或者铯化合物的市场交易不活跃。2003 年，一家公司以 39.5 美元/g（256.75 元人民币/g）的价格出售 1g 纯度为 99.8% 的铯，同时以 52 美元/g（338 元人民币/g）的价格出售 1g 纯度为 99.98% 的铯。而出售 100g 纯度为 99.8% 的铯的价格为 1038 美元/g（6747 元人民币/g），出售 100g 纯度为 99.98% 的铯的价格为 1425 美元/g（9262.5 元人民币/g）。铯的价格比较稳定，比如从 1962 年到 1991 年的近 30 年间，铯的年平均价差价范围只有 0.5 ~ 0.66 美元/g（3.25 ~ 4.29 元人民币/g），见表 3-7。

表 3-7　2006 ~ 2010 年铯产品价格

产品名称	品质/%	价格/元 · kg^{-1}				
		2006 年	2007 年	2008 年	2009 年	2010 年
铯金属	99.8	4000	4500	4600	4600	5000
氯化铯	99.5	400	450	450	450	500
硝酸铯	99.5	450	500	500	520	550
碳酸铯	99.5	400	450	450	450	500
铬酸铯	99.8	500	500	520	520	600
硫酸铷	99.8	400	450	450	450	500

铯盐的价格如按千克计，一般在50万元/吨，最高能达到80万元/吨。如按吨计，为10万~20万元/吨，有时也会低至8万~9万元/吨。近5年，其价格比较稳定。

目前，市场上生产铯所用的原料都是铯榴石。铯榴石中 Cs_2O 含量能达到20%以上，从铯榴石中提取铯的成本比从其他矿石提取的成本要低。国内生产铯盐的生产成本相对市场价格来说要低很多，大概每吨成本仅为1万~2万元。但因其产量很小，需求不稳定，其运营成本和财务成本居高不下，造成售价较高。

第三节　硫酸铯市场

硫酸铯易溶于水，不溶于醇和丙酮。可由氢氧化铯或碳酸铯与硫酸中和，或用氢氧化钡中和铝矾溶液，并过滤除去硫酸钡和氢氧化铝而得。用于超级离心分离中的密度分级。硫酸铯主要用于分析试剂、微量分析铅、三价铬。同时用于酿造工业、催化剂的助剂，在分析试剂和铯矾催化剂领域已应用多年。

硫酸铯在催化剂中的应用原理是：在硫酸生产中将 SO_2 氧化成 SO_3 的矾催化剂，通过在其中加入铯助剂，提高了产品低温活性，增大颗粒径向抗压强度，降低反应温度，提高 SO_2 转化率，减少尾气中 SO_2 排放，有利于环保。

目前，国内几个大一点的铯矾催化剂生产厂商都宣称其拥有含铯矾催化剂产品，但没有看到他们的工业业绩。国内含铯矾催化剂的市场容量不大，在用的硫酸厂也不会超过10家，而且用的都是国外的铯矾催化剂。

正是因为硫酸铯价格较高，达到500元/千克。铯矾催化剂比其他催化剂要昂贵。因此，这种产品推广起来难度较大。不过随着中国对环保要求越来越高，这种催化剂未来的潜力不容小觑。

硫酸铯的应用范围决定了它的需求量和产量都是很小的，都是以千克为单位计量的。中国硫酸铯的研发仍处于初级阶段，国内产量较少，硫酸铯需求很大一部分依靠进口。

第七章　世界主要铯生产企业

国外主要的铯生产国家是美国、加拿大、日本和德国。

美国主要从加拿大和非洲进口铯榴石，采用盐酸法提取铯盐，年产铯盐20t。主要产品是铯的氯化物和硝酸盐。同时，美国也从德国进口铯金属和铯化合物。美国官方并没有公布本国的生产、消费以及进出口的数据。

加拿大 Cabot 公司是全球最大的铯生产商之一。1995年，Cabot 公司投资1000万美元建成铯化合物生产工厂，1996年中期投产。该公司生产的铯化合物主要用于石油行业。

日本主要从津巴布韦进口铯榴石，采用硫酸法生产铯化合物，每年生产铯化合物40t。日本第一稀土元素化学公司和日产稀土元素化学公司都采用这种方法生产碳酸铯，然后再转化成硝酸铯、硫酸铯、碘化铯等化合物。

德国也是铯的主要生产国家之一，从加拿大和津巴布韦进口铯榴石提取铯化合物。近年还从中国江西进口锂云母，提锂后母液作为铯化合物的生产原料。德国化工冶金公司精细化工部和 Metallgesellschaft AG（德国金属公司）生产铯产品。

俄罗斯罗瓦斯巴斯克稀有金属冶炼厂和荷兰利比顿公司均生产铯化合物。加拿大锂采矿公司、津巴布韦比基塔矿业公司、纳米比亚的卡里布和莫桑比克均生产铯榴石。

附　录

附录一　64 种有色金属元素

64 种有色金属包括：铝、镁、钾、钠、钙、锶、钡、铜、铅、锌、锡、钴、镍、锑、汞、镉、铋、金、银、铂、钌、铑、钯、锇、铱、铍、锂、铷、铯、钛、锆、铪、钒、铌、钽、钨、钼、镓、铟、铊、锗、铼、镧、铈、镨、钕、钐、铕、钆、铽、镝、钬、铒、铥、镱、镥、钇、钪、硅、硼、硒、碲、砷、钍。

有色金属又分为轻金属、重金属、稀有金属、贵金属和其他有色金属。

(1) 轻金属：7 种，铝、镁、钾、钠、钙、锶、钡（其中钾、钠、钙、锶、钡 5 种一般为化工系统的产品）。

(2) 重金属：10 种，铜、铅、锌、镍、钴、锡、锑、铋、镉、汞。

(3) 稀有金属：35 种，又细分为四类：

1) 稀有轻金属 4 种（在稀有金属中密度最小）：锂、铍、铷、铯。

2) 稀有难熔金属 8 种（在金属中熔点较高）：钨、钼、钽、铌、钛、锆、铪、钒。

3）稀散金属7种（矿体生成极为分散、且多为与其他矿物共生、非经准确的全分析不易发现）：镓、铟、铊、锗、硒、碲、铼（有的分法，将铼分为难熔金属）。

4）稀土金属16种（其氧化物似土，故名）：镧、铈、镨、钕、钐、铕、钆、铽、镝、钬、铒、铥、镱、镥、钇、钪。

（4）贵金属：8种，金、银、钌、铑、钯、锇、铱、铂。

（5）其他有色金属：4种，硅、砷、硼、钍。

附录二 元素周期表

周期	ⅠA	ⅡA	ⅢB	ⅣB	ⅤB	ⅥB	ⅦB	Ⅷ			ⅠB	ⅡB	ⅢA	ⅣA	ⅤA	ⅥA	ⅦA	
1	1 H 氢 1.0079																	2 He 氦 4.0026
2	3 Li 锂 6.941	4 Be 铍 9.0122											5 B 硼 10.811	6 C 碳 12.011	7 N 氮 14.007	8 O 氧 15.999	9 F 氟 18.998	10 Ne 氖 20.17
3	11 Na 钠 22.9898	12 Mg 镁 24.305											13 Al 铝 26.982	14 Si 硅 28.085	15 P 磷 30.974	16 S 硫 32.06	17 Cl 氯 35.453	18 Ar 氩 39.94
4	19 K 钾 39.098	20 Ca 钙 40.08	21Sc 钪 44.956	22 Ti 钛 47.9	23 V 钒 50.9415	24 Cr 铬 51.996	25Mn 锰 54.938	26 Fe 铁 55.84	27 Co 钴 58.9332	28 Ni 镍 58.69	29 Cu 铜 63.54	30 Zn 锌 65.38	31 Ga 镓 69.72	32Ge 锗 72.59	33As 砷 74.9216	34 Se 硒 78.9	35 Br 溴 79.904	36 Kr 氪 83.8
5	37Rb 铷 85.467	38 Sr 锶 87.62	39 Y 钇 88.906	40 Zr 锆 91.22	41 Nb 铌 92.9064	42Mo 钼 95.94	43 Tc 锝 97.99	44 Ru 钌 101.07	45 Rh 铑 102.906	46 Pd 钯 106.42	47Ag 银 107.868	48Cd 镉 112.41	49 In 铟 114.82	50 Sn 锡 118.7	51Sb 锑 121.7	52 Te 碲 127.6	53 I 碘 126.905	54 Xe 氙 131.3
6	55Cs 铯 132.905	56 Ba 钡 137.33	57–71 La-Lu 镧系	72Hf 铪 178.49	73 Ta 钽 180.947	74 W 钨 183.8	75 Re 铼 186.207	76 Os 锇 190.2	77 Ir 铱 192.2	78 Pt 铂 195.08	79 Au 金 196.967	80Hg 汞 200.5	81 Tl 铊 204.3	82 Pb 铅 207.2	83 Bi 铋 208.98	84 Po 钋 (209)	85 At 砹 (210)	86 Rn 氡 (222)
7	87 Fr 钫 (223)	88 Ra 镭 (226.03)	89–103 Ac-Lr 锕系	104 Rf 𬬻 (261)	105Db 𬭊 (262)	106 Sg 𬭳 (263)	107Bh 𬭛 (264)	108 Hs 𬭶 (265)	109Mt 鿏 (268)	110 Ds 𫟼 (269)	111 Rg 𬬭 (272)	112Cn 鿔 (277)						

镧系	57 La 镧 138.905	58 Ce 铈 140.12	59 Pr 镨 140.91	60Nd 钕 144.2	61 Pm 钷 (147)	62Sm 钐 150.4	63 Eu 铕 151.96	64Gd 钆 157.25	65 Tb 铽 158.93	66 Dy 镝 162.5	67Ho 钬 164.93	68 Er 铒 167.2	69Tm 铥 168.934	70 Yb 镱 173.0	71 Lu 镥 174.96
锕系	89 Ac 锕 (227)	90Th 钍 232.0381	91Pa 镤 231.03588	92 U 铀 238.02891	93 Np 镎 (237)	94 Pu 钚 (239.244)	95Am 镅 (243)	96 Cm 锔 (247)	97 Bk 锫 (247)	98 Cf 锎 (251)	99 Es 锿 (252)	100Fm 镄 (257)	101Md 钔 (258)	102 No 锘 (259)	103 Lr 铹 (260)